다정함도 체력에서 나옵니다

다정함도 체력에서 나옵니다

인생의
태도를 만드는
'체력'의 힘

정김경숙(로이스 김) 지음

비즈니스북스

다정함도 체력에서 나옵니다

1판 1쇄 발행　2025년 3월 11일
1판 2쇄 발행　2025년 5월　9일

지은이 | 정김경숙(로이스 김)
발행인 | 홍영태
편집인 | 김미란
발행처 | (주)비즈니스북스
등　록 | 제2000-000225호(2000년 2월 28일)
주　소 | 03991 서울시 마포구 월드컵북로6길 3 이노베이스빌딩 7층
전　화 | (02)338-9449
팩　스 | (02)338-6543
대표메일 | bb@businessbooks.co.kr
홈페이지 | http://www.businessbooks.co.kr
블로그 | http://blog.naver.com/biz_books
페이스북 | thebizbooks
인스타그램 | bizbooks_kr
ISBN 979-11-6254-413-6　03190

차례

제1장

직장인에게 체력은 곧 실력

부록

당신의 운동을 도와줄 마지막 엑셀

운동꽝 일잘러의 기본 체력 기르기

22초!

나의 100미터 달리기 기록은 22초다. 학력고사 세대들은 알 겠지만 당시 340점 학력고사 만점 중 20점이 체력장 점수였다. 1점에도 당락이 갈릴 수 있기에 체력장 점수에서 만점을 받기 위해 다들 올림픽에 출전한 선수처럼 목숨을 걸고 뛰었다. 하지 만 죽을힘을 다해서 달려도 내 100미터 달리기 기록은 늘 22초 를 넘지 못했다. 달리기를 잘하는 친구들은 16초 언저리, 평범 한 친구들도 18초 정도를 기록했다. 이에 비하면 22초는 한참 느린 기록일 수밖에 없다. 내 딴엔 벤 존슨이나 칼 루이스만큼 이나 빠른 속도로 바람을 가르며 달렸다고 생각했는데 말이다.

굴욕 사진이 인터넷에 떠돌아도 감수한다는 마음가짐으로(물론 당시 인터넷은 없었으나), 안면 근육에 경련이 일고 허벅지 근육이 파열될 정도로 숨 가쁘게 달려서 결승선에 겨우 도달했다. 숨이 잘 안 쉬어져 파랗게 질린 입술로 헐떡이고 있으면 체육 선생님이 다가와 "너는 지금 그게 뛰는 거냐? 내가 걸어도 너보다 빠르겠다!"라며 타박을 넘어 면박을 줬다. 최선을 다했는데 대충 뛴다고 혼나는 것만큼 야속하고 억울한 일이 있을까. 내 몸을 내가 어떻게 할 수 없는데 어쩌란 말인가. 그 좌절감은 정말 겪어본 사람만이 안다.

나는 타고난 운동신경 꽝이었다

그랬다. 나는 운동신경이 정말 꽝이었다. 중고등학생 시절에는 억지로 체육 시간에 참여하거나 운동장에 집합해서 전 학년 학생들과 국민체조를 함께 한 것이 내 운동량의 전부였다. 그리고 대학생이 되었다. 하고 싶은 것도 많고 먹고 싶은 것도 많았던 시절, 이때도 운동이라 하면 지하철역에 내려 학교 교문에서 가장 멀리 떨어져 있는 언덕 위 건물까지 하이힐을 신고 힘들게 뛰었던 기억이 전부다. 운동신경이 없으니 운동을 잘할 수 없었고, 운동을 잘하지 못하니 재미도 느끼지 못했다. 그러다 보니 점점 운동을 안 하게 됐다. 결국 운동을 안 하니 점점 더 못하게 되는 악순환이 펼쳐졌다. 그래서 나는 늘 운동신경 꽝으로 살았다.

이랬던 내가 이제는 '체력이 실력'이란 말을 입에 달고 다닌다. 참으로 놀라운 변화다. 물론 지금이라고 해서 운동신경이 남들보다 좋은 건 절대 아니다. 지금도 운동신경은 꽝이다. 그건 태어날 때부터 어느 정도 타고나는 부분이기에 어쩔 수 없다. 하지만 이제 체력만큼은 자신이 있다고 당당히 말할 수 있다. 운동신경과 체력은 엄연히 다르다. 운동을 못해도 체력은 키울 수 있다는 것을 나는 나중에야 깨달았다.

달리기를 할 때 나는 빠르게 걷는 사람보다도 속도가 느리다. 또 수영장에서는 남들이 한 바퀴를 돌고 돌아오는 시간에 겨우 반환점에 도달할 정도로 2배속 느린 '할머니 수영'을 한다. 17년째 수련하고 있는 검도는 '전광석화'라는 별명에 걸맞게 대회에 나가면 늘 10초 만에 머리를 두 번 맞고 들어온다.

그래도 여전히 운동을 꾸준히 한다. 나는 소극적이고 내성적이며 자신감 없는 성격에서 탈피하려고 스물여섯 살 때 내 인생을 걸고 '본 어게인 프로젝트'를 시작했다. 그 프로젝트 중 하나로 시작한 것이 달리기다. 그때부터 30년을 지속했으니 꽤 오랜 시간을 해온 셈이다. 운동 꽝인 건 여전하지만 달라진 게 있다. 체력이 강해졌다. '운동 꽝→운동 안 하기'라는 악순환을 '운동 꽝→천천히 그러나 지속하는 운동'이라는 선순환으로 전환했다. 나에게 맞는 운동을 찾아 무엇보다 스스로 '즐기면서' 하니 체력이 점점 단단해졌다.

실력이 제자리인 것 같아 중간에 그만두고 싶은 마음이 굴뚝같았지만, 지겨운 것은 때론 지겨운 것으로 이겨낸다는 비결도 터득했다. 지겨운 것을 계속하다 보면 어느새 즐거움이 찾아온다. 그런데 지겹다고 중간에 그만두면 다시 시작하기는 거의 불가능하다. 그렇게 꾸준히 운동을 해오면서 40대를 맞았고, 또다시 50대를 맞았다.

일잘러의 기본 조건은 체력이다

감사하게도 30년 넘게 일하며 직장에서 늘 하이퍼포머high performer로 인정받았다. 늘 하고 싶은 것도 많았고 아이디어가 충만했다. 함께 일하고 싶은 사람, 같이 있으면 에너지를 받는 사람으로 동료들에게 항상 환영받았다. 10분만 같이 일해도 기가 빨리고 허기가 지게 만드는 동료가 있는가 하면, 오랜 시간을 같이 일해도 기분을 가뿐하게 해주는 동료가 있다. 나를 후자의 사람으로 봐주는 건 내가 지닌 밝은 에너지 때문일 것이다.

이런 긍정적인 에너지가 체력에서 비롯된다는 것을 늘 실감

하며 속칭 '저질 체력'이라는 말을 달고 사는 후배들에게도 매번 강조하곤 했다.

"체력이 좋아야 실력도 좋아진다.", "체력이 뒷받침되어야 친절할 수 있다.", "체력은 몸이 괜찮을 때 미리미리 쌓아둬야 한다.", "체력도 연금저축처럼 미리 저축해 둬야 늙어서 후회하지 않는다." 모두 내 경험에서 우러나온 조언이었다.

그야말로 '체력 전도사'가 따로 없다. 그런데 내가 한 말들은 모두 사실이다. 내 컨디션이 좋아야 다른 사람에게 한마디를 해도 친절하고 다정하게 할 수 있다. 내 몸이 힘들면 어떤 상황이든 짜증부터 나게 마련이다. 체력이 떨어지면 아무리 철인이어도 말에 짜증이 묻어나고 부정적 에너지가 감돌 수밖에 없다. 이런 사람과 같이 일하는 걸 좋아할 사람이 있을까?

최근 《도둑맞은 집중력》이라는 책이 화제가 되었다. 누군가 훔쳐 가버린 듯 점점 떨어지는 현대인의 '집중력'이 요즘 가장 큰 화두인 셈이다. (물론 이 책을 끝까지 읽기 위해서도 고도의 집중력이 요구되긴 했다). 누구에게나 하루 24시간은 공평하게 주어진다. 같은 시간을 활용해 일을 더 효율적으로 빠르게 마치기 위해선 높은 집중력이 필요하다. 그런데 몸이 따라주지 않으면 그 어떤 일에도 고도로 집중하기 어렵다.

늘 바쁘고 해야 할 일이 많은 현대 직장인들. 그들이 가장 먼저 포기하는 것은 운동이다. 나는 이를 '포기된 체력'이라 부른다. 사실 운동이야말로 밥을 먹는 것처럼 꼭 챙겨서 해야 하는 것인데 말이다. 체력이 받쳐주지 않으면 결코 '일잘러'가 될 수 없다. 20대, 30대는 업무능력과 젊음을 바탕으로 어느 정도는 일을 잘할 수도 있다. 하지만 커리어를 40대, 50대까지 이어가려면 체력이 뒷받침되어야 한다. 그러니 일을 잘하고 싶다면, 자기 분야에서 커리어 하이를 달성하고 싶다면, 지금부터 체력에 투자하자. 연금 저축하듯 꼬박꼬박 체력 저축을 시작해 보는 것이다.

신체 나이 스물한 살, 우리도 할 수 있다

자, 그러면 어떻게 해야 할까? 벌써 이런 이야기가 들려오는 것 같다. "마음은 굴뚝같은데 시간이 없어요." "굳게 결심하고 며칠은 헬스클럽에 나갔는데 재미가 없어서 지속하지 못했어요." "몸이 말을 안 들으니까 엄두가 안 나더라고요." 이런 경우엔 어떻게 해야 할까?

이 책은 '운동 젬병'이었던 사람이 수년에 걸친 연습 끝에 트라이애슬론 완주에 성공했다는 이야기가 아니다. 바프(바디프로필) 촬영 스튜디오를 예약해놓고 60일 만에 몇십 킬로를 감량해 멋진 사진을 찍어 소셜미디어에 올렸다는 이야기도 아니다. 또한 헬스클럽을 문턱이 닳도록 다니면서 '몸짱'이 되었다는 류의 책은 더더욱 아니다. 이 책에는 지극히 평범한 직장인이 꾸준히 운동하며 체력을 길러온 인생 이야기가 담겨 있다. 다시 말해 가장 현실적이고 실현 가능한 운동 팁을 담은 책이다.

마음은 굴뚝 같지만 당장 이불킥하고 운동하러 나갈 에너지가 없는 동료와 후배들, 또 남들이 하는 운동을 다 따라 해봐도 이를 지속할 동력이 이미 바닥난 분들에게 늘 드리고 싶은 말이 있다. 누구보다 저질 체력에 운동신경 꽝이었던 내 경험담으로 이런 분들에게 '지금 다시 시작합시다'라는 용기를 전해주고 싶다. 이제 내가 직장 생활 30년 동안 꾸준히 운동하면서 체력을 기른 얘기를 시작해보려 한다.

"우리 한번 신체 나이 스물한 살로 만들어보실래요?"

직장인에게
체력은 곧 실력

서점에 가면 '프로 일잘러'에 대한 책이 많다. 직장인이라면 당연히 관심 있을 수밖에 없는 키워드다. 모두가 꿈꾸는 프로 일잘러가 되기 위한 요소들은 다양하다. 맡은 일을 잘하는 전문성, 사람들을 잘 이끌 수 있는 리더십, 다른 조직이나 팀과 같이 일하기 위한 협업 능력, 글로벌 시대에 빠질 수 없는 영어를 포함한 언어 능력, 그리고 성숙한 인성. 그런데 이 모든 것들이 다 있다 하더라도 체력이 없으면 실력을 충분히 펼칠 수가 없다.

내게 에너지가 있어야 아이디어가 샘솟고, 다른 팀을 도와줄 마음의 여력도 생기며 실패하더라도 다시 일어설 용기가 나온다. 실력이 있더라도 체력이 뒷받침되지 않으면 자기가 가진 것을 밖으로 다 발산하지 못하는 법이다. 그뿐만이 아니다. 긍정의 에너지는 다른 사람을 끌어당기는 힘이 있다. 체력이 모든 실력의 바탕이 되는 이유다.

그런데 한번 좋은 체력을 만들어놨다고 그것이 평생 가지도 않는다. 체력 기르기가 중요함은 아무리 강조해도 지나치지 않지만 긴급한 일이 생기면 운동은 뒷전이 되기 쉽다. 흔히들 자조적으로 말한다. "회사를 위해 뼈를 갈아 넣었다."라고. 그런데 회사가 과연 고마워할까? 내가 일하다가 놓친 건강을 누가 대신 만회해줄까? 내 체력은 곧 나의 책임이다. 내가 '일부러' 시간을 내어 '평생' 챙겨야 하는 게 바로 나의 체력이다.

직장인들의
체력 뱅크럽시

"퇴근하고 집에 가면 그냥 아무것도 하기 싫어져요. 저에게 운동은 사치예요."

체력 키우기가 목적은 아니었겠지만, 우리 대부분 그나마 초등학생 때까지는 축구교실에 다니거나 태권도를 하는 등 운동을 하며 시간을 보낸다. 그런데 중학교, 고등학교에 들어가고 입시 지옥이 시작되면 자는 시간 빼고는 엉덩이를 무겁게 깔고 책상 앞에서 시간을 보내게 된다. 운동 같은 건 사치다.

치열한 경쟁 끝에 대학에 들어가면 어떤가. 대학 입시 준비를 하느라 찌들어 있던 청춘을 보상하듯 놀기 바쁘다. 도통 운동할 시간을 따로 내기 어렵다. 그러다 보면 취업 준비를 해야 할 때가 다가오고, 또 어렵사리 회사에 들어가면 업무에 적응하느라 바쁘다. 그렇게 20대, 30대가 흘러간다.

대퇴사 시대. 해야 할 일만 '딱' 하고, 퇴근 시간에 '땡' 하고 나간다는 MZ세대들의 직장 생활이 달려졌다곤 하지만 이전과 크게 다르지도 않다. 신입에서 대리가 되고 과장이 되고, 곧 회사의 허리가 되는 주요 직책을 맡으면 어느 순간부터는 직장이 내 삶의 우선순위가 되어버린다. 퇴근 시간에도 산더미 같은 일을 스스로 끊어내지 않으면 자리에서 일어날 수 없으며 설사 퇴근을 하더라도 머리 뒤꼭지가 늘 개운하지 않다. 집에 와서도 회사에서 마무리하지 못한 일과 내일 처리해야 할 일들에 대한 생각이 머릿속에 불쑥불쑥 찾아온다. 그뿐만이 아니다. 회식, 야근, 출장, 프로젝트나 개인 약속 등 무언가를 규칙적으로 하기에는 저녁 시간이 늘 들쭉날쭉하다. 빠르게 성공해야 한다는 조급함과 이직에 대한 불안감으로 멘털 관리도 쉽지 않다. 그러니 운동할 생각은 하지 못한다. 아니 '생각'은 한다. 다만 행동으로 이어지기는 결코 쉽지 않다.

1년 치를 끊으면 3개월이 무료라는 헬스클럽도 다녀보고, '돈이 아까워서라도 하게 되지 않을까?' 하며 PTPersonal Training도 끊어본다. 필라테스나 요가가 한창 유행할 때는 필라테스와 요가를 기웃거리고, 크로스핏이 유행일 때는 크로스핏 박스를 찾

아 다닌다. 물론 운동을 막 시작할 무렵엔 앞으로 만들어질 몸을 생각하면서 열정과 기대감에 한껏 부풀게 된다. 한 달, 두 달, 아니 석 달까지도 꽤 잘해나간다. 재미도 있다. 몸의 컨디션도 이전과는 조금 달라진 것 같다. 이제 스스로가 대견스럽다. 그런데 점점 회사 일이 바빠지면서 야근이 잦아지고 출장이 잡힌다. 그뿐인가. 집에도 자꾸만 일이 생긴다. 한 번 두 번 빠지기 시작할 때는 대수롭지 않게 '다음 주부터 다시 하면 되지, 뭐!' 혹은 '이번 달은 망쳤다. 다음 달부터 새롭게 시작하자'라고 생각한다. 하지만 정말 다시 시작하게 될까?

참으로 신기하게도 카드 결제할 때의 그 부푼 열정이 '슉~' 하고 사그러든다. 그러니 처음 그 순간처럼 다시 시작하기가 너무나 어렵다. 마음을 다잡고 한 번 더 운동하러 가지만 왠지 흔쾌하지 않다. 처음에 가졌던 열정이 없어졌으니 재미가 있을 리 없다. 결국 운동을 멈추게 된다.

운동을 그만두고 몇 달 후, 갑자기 옆구리 살이 잡히기 시작하며 위기감을 느낀다. 그럼에도 하루하루가 너무 피곤하다. 퇴근하고 집에 가면 소파와 일체감을 이루고만 싶다. 만사가 다 귀찮다. '일이 너무 많아서 어쩔 수 없어' 혹은 '나는 역시 저질 체력이야'라고 생각한다.

체력도 체력이지만 1킬로, 1킬로 조금씩 늘어가는 체중이 신경에 거슬린다. 특히 소파에 비스듬히 앉아서 보면 늘어난 뱃살이 만만치 않다. 곧추앉으면 더욱 불러온다. 예전엔 그래도 이 정도 배불뚝이는 아니었는데, 배에 힘을 줘도 이전처럼 그리 들어가지는 않는다. 젊었을 때는 '도대체 이런 곳에 살이란 게 붙을 수 있다는 거야?' 했던 등허리에 계속 살이 붙어간다. 그렇게 40대가 되고 50대가 되었다.

새해나 새로운 분기, 새학기처럼 새로운 출발점이라고 할 수 있는 '모든 건수'를 빌미 삼아 운동을 다시 시작해보려 하지만 지속하기는 여전히 쉽지 않다. 나는 열심히 살아왔고, 회사에서 인정받았다. 그런데 '내 몸'은? 내 몸은 이미 말이 아니다. 회사는 성장했고 나도 승진이란 것을 했지만 그 대가로 회사에 내 몸을 갈아 넣은 느낌이다. 늘 피곤에 '쩔어' 있고, 에너지도 쉽게 고갈되며, 발끈발끈 짜증도 자주 난다. 원래 이런 사람이 아니었는데 말이다. 솜사탕 같지는 않아도 낭만적인 남편이었고, 아이가 똑같은 것을 열 번 물어도 조곤조곤 설명해주는 상냥한 엄마였고, 쉬는 날 아이랑 놀아주려 애쓰는 자상한 부모였다. 그런데 지금은 그냥 피곤할 뿐이다. 자도 자도 피곤하고, 모든 것이 귀찮다. 피곤한 몸을 이끌고 집 근처 산이라도 갔다 오면 그날은 기진맥진이다. 또다시 저질 체력을 원망한다. 그야말로 체력의 뱅크럽시bancruptcy다. 과연 이 악순환을 어떻게 끊을 수 있을까?

일잘러의 기본은 체력이다

"사실 우리가 하는 일은 지식노동이 아니라 육체노동입니다!"

북토크나 강연에서 직장인들을 만나면 늘 하는 말이다. 내가 회사는 물론 대학원도 다니고, 영어 공부도 꾸준히 하며, 운동도 빼먹지 않는다고 말하면 다들 내게 이렇게 묻는다. "꺅! 도대체 시간도 시간이지만 그럴 체력이 어떻게 되세요?" 그때마다 대답은 같다. 30년 이상 글로벌 회사에서 전문직으로 살아온 나는 지식노동자였지만, 그 지식노동을 절대적으로 가능하게 했던 것은 다름아닌 체력이었다고. 그런 면에서 나는 모든 지식

노동자도 육체노동자라고 본다.

체력이 좋을수록 업무 성과가 높다

그럼 업무 성과와 체력이 상관관계가 있다는 말인가? 당연히 있다. 그것도 상관관계가 상당하다. 실제로 이를 뒷받침해주는 과학적 연구 결과도 꽤 많다. 운동이 집중력을 높여주고 정신적 스트레스와 압박감을 날려주기 때문에 업무 성과에 긍정적인 영향을 미 친다는 것이다. 굳이 그런 연구 결과를 일일이 인용하지 않더라도 우리 스스로가 매일매일 온몸으로 느끼고 있잖은가.

몸이 따라줘야 일에 집중할 수 있고 일을 효율적으로 처리할 수 있다는 건 이미 경험으로 아는 사실이다. 유독 피곤한 날 작업한 문서를 다음 날 읽어보면 알 수 있다. 아이디어도 산뜻하지 않고 문장 흐름도 '개판'이고 오타도 작렬이다. 또 이런저런 실수도 잦다. 메일에 중요한 내용을 적지 않고 보낸다거나, 일정표를 잘못 확인해서 미팅 날짜나 시간을 틀리게 기억하기도 하며, 회의 참석자를 누락하기도 한다.

다들 이런 경험이 있을 것이다. 메일 전송 버튼을 누르고 나서야 '아, 이 말을 빼먹었네' 혹은 '이 부분은 좀 더 설명이 필요

했는데' 하며 뒤늦게 아차 하는 일 말이다. 혹은 엉뚱한 사람에게 이메일을 잘못 보내기도 한다. 참 '간지 구기는' 일들이다. 이렇게 몸이 안 따라오면 성과도 따라오기 힘들다. 이런 일이 지속되면 정기적으로 있는 업무고과에도 영향을 미칠 수 있다. 이번에는 어찌저찌 잘 넘겼다 해도, 내가 이런 몸으로, 이런 컨디션으로 계속 업무 성과를 낼 수 있을까 걱정이 스멀스멀 올라온다.

사회적으로 성공한 사람들이 운동에 집중하는 이유

사회적으로 성공한 사람들이 가진 삶의 패턴이 옳다고 그대로 따라할 필요는 없지만 배울 점이 있다면 취하는 게 좋다고 생각한다. 미국의 전직 대통령 중에서도 재임 당시 늘 '몸짱'이었던 오바마와 클린턴은 5분 단위로 쪼개 사는 살인적인 스케줄 속에서도 매주 주 3회 운동 시간을 정해놓고 운동을 했다. 특히 오바마 전직 대통령은 농구 실력도 꽤 좋은 것으로 알려져 있다. 대표적인 일 중독자로 거론되는 일론 머스크 역시 주 100시간을 일해도 운동 시간은 반드시 지켰으며 메타의 창업자인 마크 저커버그도 마라톤에 참가하는 것은 물론, 매일매일 달리기를 빼먹지 않는다.

탤런트 겸 영화배우인 차인표는 한 강연에서 '자신의 인생을 바꾼 세 가지'로 읽기, 쓰기와 더불어 운동을 꼽았다. 20대부터 시작한 운동 덕분에 근육질 체형을 가질 수 있었고 자기 절제력까지 키울 수 있었다는 것이다. 당시 배우 경험이 전혀 없었던 그는 수년에 걸친 이러한 자기 훈련이 향후 유명 연예인이 될 수 있었던 큰 요인이라고 밝혔다.

체력 관리에 진심인 것은 유명한 사람들만의 이야기가 아니다. 테크기업들에서 하이퍼포머로 일하는 내 주변 사람들 역시 운동이 생활의 일부다. 이들에게 운동은 특별 이벤트가 아니다. 마치 밥 먹는 것과 똑같은 일상의 루틴이다. 어떤 특정한 때부터 갑자기 운동량을 늘린 것이 아니라 그냥 꾸준히 해온 것이다.

지금까지 회사 생활을 하면서 아주 초고속 진급은 아니었지만 감사하게도 남들 승진할 때 승진하고 동료들에게 인정받는 하이퍼포머로 30년간 일해왔다. 29세에 시작한 직장 생활이 30대 중반, 40대 중반으로 이어지면서 규칙적이었던 내 생활 패턴에도 위기가 찾아왔다. 아이도 낳았고, 외국계 회사에 다녔던 덕(혹은 탓)에 거의 매 분기 해외 출장이 있었기 때문이다. 해외에서 '본사의 높은 분'이 오는 달에는 그를 맞이할 준비를 하느라 바빴고, '그 분'이 한국에 있는 동안은 보필하느라 집에 빨리 들어갈 수 없었다. 일복이 많은 나는 늘 회사 내에서 새로운 팀을 맡아 키우는 역할을 했고, 또 운 좋게도 세 군데 회사에서 내가 원하는 사내 부서 이동을 하면서 커리어를 확장하고 키워 나갔다.

매번 새로운 것을 배워야 했고, 다양한 사람들과 만나며 인간관계를 맺어야 했다. 그동안 승진도 했고 어느덧 임원이 되었다. 그러는 동안 야간 대학원 네 곳을 더 다녔다. 다들 "아니 그럴 시간이 있으세요? 그걸 다 해낼 체력이 되세요?" 하고 묻는다. 물론이다. 체력이 되니까 그렇게 할 수 있었다. 일할 때 체력에 기반한 집중력이 있으니 효율성을 최대로 올릴 수 있었다. 아픈 적이 없으니 회사에 늦거나 빠진 적도 없다. 늘 에너지가 '빵빵'했다. 이것이 다 빼먹지 않고 꾸준히 했던 운동의 결과다. 미국에서 대학원 다닐 때부터 시작한 달리기 운동은 다른 운동으로 바뀌었을지언정 매일 1시간 이상 운동하는 습관은 매일 밥 먹는 것처럼 그대로였다.

겨울에는 허벅지 근육 소실을 막기 위해 시즌권을 끊어 스노보드를 탔다. 물론 기대만큼 모든 운동을 잘하지는 못했다. 몸과 음악이 따로 노는 에어로빅, 4시간 이내 완주는 아예 생각도 안 하는 설렁설렁 마라톤, 그냥 땀 빼는 것을 목적으로 시작한 검도, 남들보다 2배속 느리게 하는 수영 등. 올림픽에 나가서 메달을 따야 하는 선수가 아니기에 반드시 잘할 필요는 없다고 생각했다. 중요한 것은 운동을 잘하는 게 아니고 꾸준히 하는 것이니까 말이다.

20대, 30대는 '저질 체력'이어도 일에서 능력을 발휘하는 데 문제가 되지 않는다. '나이가 깡패'라고 젊음이 있기에 깡으로 버틸 수 있다. 그런데 40대, 50대는 다르다. 직장 생활을 견뎌낼 체력이 안 되면 업무를 처리하는 데서 문제가 생긴다. 집중력과 에너지, 스트레스 관리는 유능하게 일하는 사람의 핵심이다.

직장 생활은 장기전으로 보면 완벽한 육체노동이다. 순간적 폭발력을 이용해 달리는 100미터 달리기와 꾸준한 속도로 오래 달려야 하는 마라톤은 달리기 방법도 마음가짐도 달라야 한다. 오랜 시간 긴 거리를 달려야 할 마라토너는 효율성을 추구하며 속도를 조절한다. 거리가 좁혀지지 않을 것처럼 보이지만 한 발 두 발 내딛다 보면 결승전에 가깝게 다가간다. 무리한 호흡을 하지 않고 자신의 템포에 맞춰서 걷듯이 뛴다. 그렇게 우리도 '일잘러'를 향해 나아가는 것이다. 무리하지 않으며 걷는 듯 뛰는 듯, 쉬지 않고 계속 그리고 꾸준히.

나를 더 건강하게 하는 시간, 콰이어트 퀴팅

작년에 MZ세대들의 소셜미디어인 틱톡Tiktok에서 시작된 '콰이어트 퀴팅'quiet quitting이 전 세계적으로 회자되고 있다. 한국어로는 '조용한 퇴사'라고 번역된 것을 자주 보는데, 사실 일을 그만두는 퇴사를 의미하는 용어는 아니다. 콰이어트 퀴팅이란 회사 일은 딱 할 만큼만 하고 추가적인 노력이나 시간 투자를 하지 않는 것을 의미한다. 다시 말해 콰이어트 퀴팅의 핵심적 의미는 일과 본인의 생활에 건강한 경계를 설정하자는 것이다. 이런 면에서 보면 콰이어트 퀴팅은 아주 새로운 개념은 아니다. 그동안 우리가 자주 얘기해왔던 '워크 앤드

라이프 밸런스', 일과 삶의 균형을 뜻하는 워라밸과 궤를 같이 한다고도 볼 수 있다.

어떻게든 자기만의 콰이어트 퀴팅이 필요하다

일각에서는 콰이어트 퀴팅을 불편한 시선으로 보기도 한다. 콰이어트하게(조용히) 물러날 수 있는 직업을 갖지 못한 사람들, 사회경제적으로 취약한 직업군의 사람들에게 콰이어트 퀴팅은 일부 화이트칼라 직장인만 누릴 수 있는 사치스런 개념으로 여겨지기 때문이다.

또한 일과 육아 및 가사노동을 병행해야 하는 워킹맘이나 워킹대디들에게도 콰이어트 퀴팅은 그림의 떡이기도 하다. 동서양을 떠나 특히 '워킹맘'이 본인을 위한 여유 시간을 내는 것은 쉽지 않은 일이다. 가사나 육아 노동을 파트너와 함께 공동분담하는 것이 당연하게 여겨지는 미국에서조차 양육에 대한 기대는 여성(엄마)에게 더 쏠아진다. 퓨 리서치 센터Pew Research Center에 따르면 열 명 중 여섯 명의 워킹맘이 파트너보다 집안일을 더 많이 하고 있으며, 열 명 중 일곱 명은 아이들의 학업이나 과외 활동 지원에 파트너보다 더 많은 시간을 보내고 있다고 답했다. 이런 워킹맘들이 어떻게 가사, 육아 혹은 양육 사이에서 콰이어트 퀴팅을 가질 수 있을까?

나는 그럼에도 부모들에게 콰이어트 퀴팅은 필요하다고 말하고 싶다. 워킹맘의 경우 직장에서의 일과 육아, 가사를 병행해야 하므로 체력적으로 더욱 단련되어 있어야 한다. 해야 할일이 많고 다양한 역할을 수행해야 하므로, 건강 관리도 그에 비례해 중요하다.

나 같은 경우 지금은 아이가 성인이 되어 일선에 선 워킹맘은 아니지만, 워킹맘이었을 때 콰이어트 퀴팅을 한 경험이 있다. 아이가 초등학교에 막 들어갔을 때였다. 아침마다 아이를 깨워서 학교에 보내는 일은 지금 생각해도 가슴이 벌렁벌렁한 일이다. 잠에서 막 깬 아이는 졸려서 제 몸도 가누지 못하고 있다. 눈이 반쯤 감긴 아이를 겨우 세수시키고, 식탁 앞에 끌고 와 앉혀밥 한 숟가락을 떠먹인다. 이렇게 흐느적대는 아이를 씻겨 밥을먹이고, 옷을 입히고 또 준비물을 챙겨주다 보면 겨우 발라 놓은 내 출근길 화장은 땀으로 번들거리고 블라우스 등짝은 땀으로 젖는다. 아이 책가방을 싸면서 알림장에서 빠진 준비물을 발견하면 드디어 폭발이다. 이렇게 20분의 등교 준비 시간은 화산이 터지기 직전 뜨거운 마그마가 부글부글 끓는 듯한 느낌이다. 늘 부정적 기운과의 싸움이 될 수밖에 없다. 그러다 보니 출근 전에 내 모든 에너지를 다 쏟아버리게 된다.

그래서 어느 날 나는 이 등교 전쟁을 '조용히' 그만두기로 했다. 아침 시간은 나를 위해 사용하기로 결심한 것이다. 대신 퇴근 후의 시간을 아이와 함께 보내기로 했다. 전쟁터를 방불케 하는 아이의 등교 시간 20분을 퀴팅하니 아침 시간이 이제 온전히 내 시간이 되었다. 7시에 일어나면 회사에 가기까지 2시간이, 5시에 일어나면 4시간이 온전한 내 몫이 되었다. 운동이나 공부를 하며 그 시간을 나를 위해 썼다. 물론 함께 살며 아이를 돌봐주시는 이모님이 계셨던 덕분이기도 하다. 물론 사정이 여의치 않은 분들도 있겠으나 다른 방식으로라도 육아로부터의 콰이어트 퀴팅 시간은 절대적으로 필요하다.

저절로 주어지는 것은 없다, 나를 위한 시간을 만들어라

30년의 직장 생활에서 보고 배운 것을 정리하고 나누고 싶어서 쓴 책 《계속 가봅시다 남는 게 체력인데》에서 가장 많이 할애한 챕터가 체력 관리다. 사실 커리어와 관련된 강연이나 책들을 읽어보면 직무 관련 일을 어떻게 하면 잘할 것인지, 인간관계는 어떻게 맺고 유지해야 하는지 잘 나와 있다. 다른 부서와 협업하는 법, 리더십, 팀워크, 팀원들의 성장을 돕는 방법 등에 관해서도 말이다. 하지만 이처럼 다양한 이야기 속에서도 체력을 키우라는 이야기는 거의 들어 있지 않다.

왜일까? 너무 당연해서 그런 것일까? 아니면 체력을 키우라는 말이 커리어 책에 실리기엔 너무 하찮게 여겨져서일까? 너무도 중요한 이야기가 빠져 있다는 생각이 들었다. 한창 워킹맘으로 있을 때 함께 커리어를 키워가는 여성 동료들을 보면서 늘 안타까웠다. 무엇보다 남성 동료들에 비해 시간 활용 측면에서 불균형한 경우가 너무 많았다. 직장인으로서의 역할 외에 엄마, 딸, 며느리 등의 역할을 모두 해야 하는 워킹맘이라면 더욱 그렇다. 우리 자신, 특히 우리의 체력 관리에 시간 할애를 거의 못하는 환경에 놓일 수밖에 없는 것이다. 이런 경우 자기 몸 관리를 위해 시간을 내는 건 아마도 가장 마지막 순서일 테고, 체력을 기르는 시간은 가장 먼저 포기하는 시간일 것이다.

하지만 내 삶의 건강함을 찾을 때 내 업무에 대한 집중도 높아지며 성과 또한 높아진다. 스스로 에너지가 있어야 주변 동료에게 말 한마디를 하더라도 친절하게 할 수 있으며, 새로운 아이디어 역시 샘솟는다. 또 남들이 낸 아이디어를 실행할 때도 보다 적극적으로 자원하거나 협업할 수 있다.

'헬리오트로픽 효과'heliotropic effect란 말이 있다. 식물들이 빛, 즉 생명을 주는 원천을 향해 자라나는 것을 뜻한다. 사람도 마찬가지다. 긍정적인 에너지를 주는 사람, 다른 이를 기분 좋게 해주는 사람에게 끌리게 된다. 내 자신을 위해 주도적으로 살아야 이 '헬리오트로픽 효과'가 발휘된다. 회사에서 역시 에너지를 주는 사람 곁으로 사람들이 모이게 되고 결국 이는 협업 능력의 상승으로 이어져 업무 성과를 내는 데 큰 도움이 된다.

워킹맘에게 출근 전이나 출근 후에 본인을 위해 시간을 내라는 말은 시스템이 뒷받침되지 않는 지금 같은 육아 현실에서는 배부른 소리로 들릴지도 모른다. 그럼에도 우선순위에서 자신의 건강을 챙기는 부분을 다 제거하지는 말자. 남편과 육아나 가사 분담을 다시 의논해보는 것도 좋다. 혹은 '품앗이'처럼 가까이 사는 가족 혹은 동네 친구들과 버디 서포트 시스템을 만들어 서로의 육아를 돕고, 출근 전이든 퇴근 후든 10~20분 정도만이라도 시간을 만들어 나만을 위해 써보는 것이 좋다.

일도, 육아도, 집안일도 제대로 수행해내려면 그에 맞는 체력이 뒷받침되어야 한다. '적당히' 수행하는 게 아니라 '잘' 수행하려면 특히 체력은 더욱 중요하다. 꼭 거창한 목표를 세우지 않아도 괜찮다. 짧은 명상을 해보거나 가벼운 맨손 체조를 하는 것도 좋다. 나를 위해 잠깐의 시간이라도 내고, 그 시간에 운동하는 것을 결코 소홀이 여기지 말자. 물론 안다. '워킹맘'은 그 어떤 것도 포기하기 어렵다는 것을…. 이럴 땐 정말 서로가 '토닥토닥'이다.

하고 싶은 일에
도전할 수 있었던 동력은 바로 체력

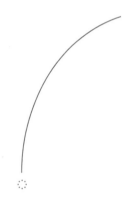

최근 1년 반 동안 실리콘밸리에서 아르바이트
생으로 지냈다. 3~4가지의 파트타임 일을 동시에 하면서 새벽
부터 저녁까지 주 60~80시간을 일했다. 일요일을 앞둔 토요
일 밤, 잠자리에 들기 전에 세 개의 에코백을 점검한다. 첫 번
째 가방은 수퍼마켓 트레이더조Trader Joe's에서 일할 때 필요한
장갑과 짬짬이 쉴 때 읽으려고 넣어둔 책이 들어 있는 에코백.
두 번째 가방은 갈아입을 옷을 넣어둔 스타벅스 에코백. 세 번
째는 수영복과 타월이 들어 있는 수영장용 에코백이다. 이렇게
가방 세 개를 나란히 방문 앞에 놓아두고 잠자리에 든다.

일요일 새벽 3시가 되어 알람이 울리자 눈을 번쩍 떴다. 사실 전날 나는 12시가 넘어서야 잠잘 수 있었다. 출간 준비 중인 책을 위해 원고를 쓰고, 링크드인LinkedIn에 새롭게 올라온 잡 포지션이 있어 회사 리서치를 한 뒤 지원서를 넣으니 어느덧 자정이 넘었다. 빨리 자야 하는 데 말이다. 오디오북을 켜고 20분 타이머를 설정한 채 침대에 누워 눈을 감았다. 지금 잠이 들면 세 시간밖에 자지 못한다.

갭이어gap year를 하고 있는 올해 들어서는 많이 자야 4시간, 보통 3시간을 잔다. 대학 입시를 앞두고 나온 말인 '삼당사락'이 생각난다. '3시간 자면 시험에 붙고 4시간 자면 떨어진다'는 뜻을 지닌 이 말이 남일 같지 않다.

물론 지금은 당락에 대한 치열함 때문에 잠을 적게 자는 게 아니다. 오늘 당장 해야 할 것이 많기에 수면 시간이 절대적으로 부족한 것이다. 수면 시간이 적으면 노화가 빨리 오고, 치매가 온다는 말을 들었는데도 애써 외면하고 있다. '잠도 인생 총량의 법칙에 해당된다면, 나중에 시간이 될 때 좀 더 많이 자면 되지 않을까'라며 대신 올해는 하고 싶은 것을 실컷 해보자는 마음으로, 턱없이 부족한 수면 시간에 대한 걱정은 당분간 미뤄두기로 했다.

특히 트레이더조에서 메이트(매니저)가 되고 나서는 주 50시간으로 근무 시간이 대폭 늘어났다. 또한 매일매일 근무 시간

(시프트)이 다른데, 이를 일명 워터폴(폭포식) 근무 시간이라고 부른다. 예를 들면 수요일은 오후 2시, 목요일은 오후 12시, 금요일은 오전 10시, 토요일은 오전 6시, 그리고 일요일은 오전 4시에 업무를 시작한다. 이런 식으로 매일 근무 시작 시간이 점점 앞당겨진다.

근무 시간은 점심시간을 제외하고 9시간 정도지만, 매니저들은 30분 일찍 출근해서 준비해야 한다. 퇴근 후 30분간은 정리하는 시간도 필요하다. 그러다 보니 한번 출근하면 꼬박 10시간 이상을 매장에 있을 수밖에 없다. 일요일 같은 경우는 새벽 3시 30분 전에 도착해서 오후 1시 30분에 매장에서 나온다. 정말 10시간을 꽉 채워 일한다. 게다가 일하는 내내 의자에 앉아 있는 순간은 제로다. 점심시간 빼고는 100퍼센트 서서 근무하는 것이다.

트레이더조의 점심시간은 1시간이다. 이때는 차로 돌아와 아픈 다리를 쉬게 해준다. 하지만 동시에 이 시간 동안 나는 리프트Lyft 공유 택시 운전사 아르바이트를 하고 있다. 다행히도 점심시간이 돼도 배는 고프지 않다. 트레이더조에서 이것저것 주워 먹기 때문이다. 밥을 따로 먹을 것도 아니어서 점심 시간을 리프트 운전으로 활용해도 괜찮았다. 반경 7킬로미터 이내로 운전 구역을 정해두고 시작하면 운이 좋은 날에는 점심시간 동안 세 건의 운행을 마칠 수 있다. 그렇게 점심시간을 끝내고 나면 나는 다시 트레이더조로 돌아간다.

10시간에 걸친 트레이더조 일이 끝나면 차로 돌아와 다음 아르바이트 행선지인 스타벅스에 가기 위한 '변신'을 한다. 트레이더조 마크가 있는 비니를 벗고 초록색 챙 모자를 눌러쓴다. 머리를 손질할 시간이 없어 나는 늘 이 모자를 쓰고 다닌다. 트레이더조 유니폼을 벗고 미리 가방에 넣어둔 검정색 티셔츠로 바꿔 입는다. 어떤 색상의 옷도 다 가능하지만, 초록색 에이프런을 가장 예쁘게 받쳐주는 건 뭐니 뭐니 해도 검정색이다.

이렇게 차에서 1분 만에 트레이더조 직원에서 스타벅스 바리스타로 변신한 뒤 스타벅스로 향한다. 스타벅스에 도착하면 카운터에서 주문을 받고, 커피와 음료를 만들고, 청소도 하고, 설거지도 하고, 쓰레기통도 비운다. 작은 매장을 종종거리며 다니다 보면 영업 마감 시간이 된다. 손님이 나간 뒤 빗자루와 대걸레를 들고 매장 바닥을 청소하면 업무 마감이다.

이렇게 스타벅스에서 일을 마치고 나면 저녁 8시 가까이 된다. 하루 종일 걸은 횟수가 25,000보 이상이다. 이쯤 되면 무릎이 시큰거리고 종아리는 부어서 땡땡해지며 발바닥에선 불이 난다. 다리를 주무를 겨를도 없다. 일단 집으로 부리나케 돌아와 하루종일 대충 스낵으로 때워 닝닝해진 속을 따뜻한 국물로 달랜다. 밤 9시에는 한국 스타트업과 미팅이 있다. 마케팅·커뮤니케이션 컨설팅을 해주는 일이다. 미팅을 하기 전에 미리 챙겨

놨던 자료들을 다시 점검하며 미팅을 준비한다.

컨설팅이 끝나고 미팅 내용을 정리하고 팔로업할 것들을 다 마무리하면 밤 11시가 훌쩍 넘는다. 씻고 잠자리에 들면 벌써 또 자정이다. 새벽 3시에 일어나서 밤 12시까지 20시간 이상을 빈틈없이 채워 달렸다. 그런데 다리가 좀 노곤한 것 말고는 전혀 피곤하지 않다. 평소 튼튼하게 관리해온 체력 덕분이다. 이렇게 '빡센' 나날들로 채워진 지난 1년 반을 잘 버텨준 내 몸에 정말 감사하고 있다. 지난 30년 동안 걷고, 뛰고, 수영하고, 검도를 하면서 꾸준히 체력을 키우고 내 몸을 위해 시간을 투자해온 것이 헛된 일이 아니었구나.

'미리 체력을 잘 길러둔 나 자신, 정말 고마워!'

미래에 어떤 일이 생길지는 아무도 모른다. 나 역시 내가 이렇게 육체를 쓰는 일을 하게 될 줄 짐작이나 했겠는가? 그럼에도 미리 체력을 길러 준비해둔 덕분에 내가 하고 싶은 일이 생겼을 때 겁내지 않고 도전할 수 있었다. 체력이 부족하다는 이유로, 하고 싶은 일을 포기하지 않아도 되니 얼마나 다행인가. 미래는 오늘이 만든다. 오늘 몸을 만들고 체력을 다져놓으면 내일이 두렵지 않다!

육체의 한계를 경험하며
내가 배운 것들

동대문 시장에 갈 때면 나는 진기한 장면을 본다. 본인 키보다 한참 위로 쌓은 박스를 카트에 가득 싣고 좁은 골목 골목을 재빠르게 누비는 사람들 말이다. 처음엔 그 모습이 마냥 신기했다. 그런데 트레이더조에서 일하며 나도 그들처럼 바퀴 두 개 달린 L자형 카트 돌리dolly를 사용하게 되었다. 그렇게 카트에 짐을 싣고 나르는 게 생각보다는 쉬울 줄 알았다. 하지만 전혀… 그렇지 않다는 것을 직접 해보니 더욱 실감하게 되었다.

트레이더조에서 근무를 시작하고 큰 고비가 세 번 있었다.

'30년 동안 펜만 잡고 키보드만 두드렸던 사무직 노동자가 이 일을 할 수 있을까?', '지금이라도 그만둬야 하지 않을까?' 하는 순간들. 돌리로 짐을 나르는 일조차 버거웠으니 순간순간 나를 찾아온 힘겨움이 얼마나 많았겠는가. 그 세 번의 고비 사이사이 크고 작은 실수를 매일같이 하면서도 이같은 질문은 무수히 나를 찾아왔다.

트레이더조에서 일하며 찾아온 세 번의 고비

고비 1. 못생긴 손가락이 되어가고 있다

트레이더조에서 일한 지 한 달째 되었을 때 눈에 띄게 푹 불거진 손가락 마디가 눈에 들어왔다. '저 굵은 손가락에 도대체 가락지가 어떻게 들어가지' 하는 의아함이 들 정도로 손가락 마디마디가 울뚝불뚝했던 외할머니 손가락이 떠오르며 더럭 겁이 났다. 제품을 수도 없이 잡았다 놓았다 반복하면서 손가락 관절을 많이 쓰다 보니 퇴행성 관절염이 촉진된 것이리라. 손가락 변형이 시작되면서 손가락 마디가 엄청나게 화끈거리기 시작했다. 동시에 혈액순환이 잘 안 되는지 늘 손끝이 차고 손바닥이 시렸다.

계산대에서 만지는 제품의 반 이상이 냉장 혹은 냉동 제품이라 손이 늘 반은 얼어 있는 느낌이었다. 40도가 넘는 한여름에도 운전대에 온열 기능인 '손따 기능'을 가장 세게 틀어놓아야 했다. 집에 와서도 뜨거운 온수에 1시간 이상 손을 담갔지만 겉 피부만 벌개질 뿐 손이 따뜻해지질 않았다.

트레이더조에서 일이 끝나고 스타벅스로 바로 출근하는 날에는 평소 싫어했던 바리스타 설거지 업무가 너무 반갑게 느껴졌다. 뜨거운 물을 틀어놓고 설거지 1~2시간을 하다 보면 손에 따뜻함이 조금은 느껴지기 때문이다. 동료 바리스타들은 내가 틀어놓은 온수에 무심코 손을 댔다가 "앗 뜨거워." 하고 소리를 질렀다. 뜨거운 물에 손을 넣고 있는 나를 어이없어 하며 혀를 내두를 지경이었다.

일한 지 6개월이 넘어가면서 손가락 마디는 더 굵어졌고 심지어 휘어져 보이기까지 했다. 점점 더 못생겨지는 손가락을 보다 보면 이 일을 계속해야 할까 고민이 들었다. 그런데 답은 한 가지였다. 몸보다 중요한 건 경험 아닌가. 몸뚱아리 아껴서 죽을 때 이고 갈 것도 아닌데 하는 생각이 들었다. 그래, 계속해보자.

고비 2. 온몸은 피멍투성이

새벽 4시 전에 트레일러 화물 트럭으로 두 트럭 분량의 제품이 도착한다. 밤에는 또 한 트럭 분량의 제품이 쌓인다. 제품은 크게 두 가지 형태로 운반되는데, 팰릿(하역 받침)과 트레이 스택

(켜켜이 쌓여 있는 플라스틱 상자)이다. 언제나 팰릿과 트레이 스택에는 사람 키보다 높게 제품이 가득 실려 있다. 각종 과일, 감자, 양파와 같은 무거운 청과물, 농산물, 우유와 생수 묶음들 그리고 여러 냉동 제품들이다.

한 팰릿과 스택에 실린 짐의 무게는 어떨까? 우유와 물 등이 들어 있는 무거운 팰릿은 1톤까지 나갈 것 같고, 빵이나 스프가 들어 있는 플라스틱 스택은 200킬로 정도 나갈 것으로 짐작된다.

팰릿은 포크가 있는 지게차로 운반해서 옮기고 플라스틱 스택은 돌리로 하차 구역부터 매장 안까지 운반한다. 우리 매장에 있는 지게차는 사람이 차 안에 타서 운전하는 형태가 아니라 반수동이어서 사람이 운전대를 힘으로 돌려서 작동하는 모델이다. 물론 직진, 후진 등은 모터로 하지만 방향을 틀 때는 운전자가 온몸으로 매달리다시피 해서 사람 몸무게를 이용해 방향을 바꾼다.

아직 익숙하지 않아서인지 포크 지게차로 하역을 몇 번만 해도 긴장감에 식은땀으로 옷이 흠뻑 젖는다. 2시간에 걸쳐 오십 차례 정도 지게차 하역 운전을 하고 나면 어깨와 허리를 너무 많이 쓴 탓에 다음 날 여기저기 결리기까지 한다. 그리고 방향을 바꿀 때마다 운전대가 자꾸 팔뚝을 치는 바람에 팔뚝은 시퍼렇게 멍이 든다.

그래도 포크 지게차 운반은 괜찮다. 돌리로 내 키보다 높게 쌓여 있는 플라스틱 스택을 나르는 일은 정말 고역이다. 돌리에 얹는 스택 무게 중심을 내 쪽으로 옮긴 다음 운반하는데, 그 무게는 상상하기 어려울 정도로 무겁다. 무게를 어깨로 버티다가 어깨가 너무 아프면 이제 머리로 받친다. 순간 까딱 잘못하면 스택에 깔릴 수도 있겠다는 무서움도 엄습한다. 하역장에서 매장 입구로 가는 경사진 곳을 오를 때는 정말 눈앞이 캄캄하다. 나는 매순간 죽을힘을 다해 짐을 옮긴다.

집에 돌아와 보면 스택 무게를 이겨내려고 부대낀 어깨에 피멍이 잔뜩 들어 있다. 그럴 때면 '이것만은 못 하겠다고 말해야지'라고 생각하다가 또 자존심이 고개를 든다. 남들도 다 하는 것을 나만 못 한다고 말할 순 없다. 나보다 몸집이 작은 여성 동료들도 무리 없이 잘하는 것을 보면, 내가 요령이 부족해서일 것이다. 그래, 한번 익숙해질 때까지 해보자. 피멍이야 삼사일 지나면 없어지는데 뭐 어때.

고비 3. 테니스 엘보로 가장 좋아하는 것을 못하게 되다

캐셔를 할 때면 카트에 실려 있는 제품을 한 손으로 들고 이리저리 돌려대며 제품 바코드를 스캔한다. 미국은 한국과 달리 유독 대용량 제품이 많다. 보통 우유는 1갤런, 약 4킬로그램이다. 1.5리터 물병 열두 개들이 묶음을 들어 올려 카트에 실을 때면 속에서 으악 소리가 절로 나온다.

이렇게 일한 지 6개월이 될 때쯤 팔꿈치에 신호가 왔다. 무리해서 일한 결과였다. 나는 테니스를 해본 적도 없는데 오른쪽 팔꿈치에 '테니스 엘보'라는 진단을 받았다. 이후 오른쪽 팔에 힘을 줄 때마다 통증이 느껴졌다. 이 통증으로 검도 연습 때 죽도를 들 수가 없어 지난 17년 동안 빼먹지 않던 검도 운동도 쉬어야 했다.

이렇게 내가 가장 좋아하는 운동을 완전히 못 하게 되는 건 아닐까 걱정이 되었다. '마트 일을 계속해도 되나', 혹은 '할 수 있나', '이 정도에서 그만 접어야 하나' 심각한 생각이 들 수밖에 없었다. 나는 혼자 머리를 싸매다가 결국 나보다 오래 일한 동료들에게 물어보기로 했다.

"너는 팔꿈치가 아팠던 적 없니?" 그러자 다들 정도의 차이가 있지만 그런 경험이 있다고 답했다. 심지어 몇 명은 지금도 통증을 느낀다고 말했다. 그 친구들 대부분이 더블잡을 뛰고 있다. 두 친구는 우리 매장에서 일을 마치면 또 다른 슈퍼마켓에서 일을 한다고 했다. 그 얘기를 듣고 나니 '나만 열심히 일하는 게 아니구나'라는 생각이 들었다. 그들 모두 각자의 자리에서 정말 열심히 살고 있었다.

내가 하고 싶은 일을 하려면 몸이 받쳐줘야 한다

새삼스러운 사실이지만 나는 큰 깨달음을 얻은 기분이었다. 다들 제 몸 굴려서 일하고 돈을 벌고 가정을 꾸리는구나. 그래, 내가 과거에는 억대 연봉을 받으며 내로라하는 유명 회사 임원으로 있었지만, 지금은 나도 저들과 같다. 통장에 잔고가 있든 없든 나도 이들과 똑같이 마트 직원이고 시급을 받는 사람이다.

미국은 보통 격주로 임금을 정산한다. 이들은 격주급을 받으며 열심히 살아가고 돈이 더 필요해 더블잡을 뛴다. 나라고 다를 게 없잖은가. 쉽사리 그만둘 생각을 하지 말고 절박하게 임해보자. 몸이 아프다고 쉬거나 직장을 그만두는 건 너무 섣부른 결정이다.

육체의 한계를 느낄 때는 다시금 그만두고 싶다는 고비가 찾아왔다. 그럴 때면 내가 트레이더조에서 럭셔리 취미활동으로 일하는 게 아니라는 걸 환기시켰다. 다른 이들처럼 나 역시 생활 전선에 뛰어들었기 때문에 치열하고 절박하게 일하는 것이 맞다는 결론을 내렸다. 다시 부딪쳐보자. 그런 마음으로 6개월이 지나고 10개월이 넘어가면서 몸이 익숙해지기 시작했다. 어떻게 힘을 써야 근육에 무리가 가지 않는지 요령도 생겼다. 그뿐만이 아니다. 치열한 삶의 현장에서 만나는 동료들을 보는 것 자체가 힘이 되었다.

간혹 힘들 때는 나이 탓을 해볼까도 싶었지만 그럴 일이 아니었다. 우리 매장에는 앞니가 거의 없지만 너무 비싸서 임플란트는 생각지도 못하는 직원, 등이 굽고 허리가 굽은 할머니 동료, 흰머리가 눈처럼 소복이 쌓인 할아버지 동료, 남들보다 일하는 속도가 느리지만 그래도 최선을 다하는 다양한 연령대의 장애인 동료들이 함께 일하고 있다. 그들을 생각하면 '나이가 많아서'라는 핑계는 말이 되지 않는다. 그들 앞에서 50대 중반인 나는 젊은 청년 아닌가!

직장인만 체력 관리가
중요한 게 아니다

'체력이 중요하다'는 말은 시대를 불문하고 인생의 어느 순간을 살고 있든, 누구에게나, 어디서나 중요한 명제다. 그럼에도 바쁜 일상을 지내다 보면 체력 단련을 위해 시간을 내고 노력하는 것을 소홀히 하게 되고 우선순위 저 뒤로 미루게 된다. 그런데 체력 관리를 등한시하면 점점 허약 체질로 바뀌며 에너지 레벨이 낮아진다. 피로와 피곤이 누적되니 의욕은 줄어들고 짜증은 늘어난다. 이런 상태가 지속되면 대인 관계나 업무에도 부정적 영향을 미치기에 심리적으로 위축되는 게 당연한 수순이다. 자신 있게 사는 사람들 대부분이 활력이 넘치고 심신이 건강해 보이는데, 그 이유 중 하나는 꾸준히 체력을 관리했기 때문이다.

체력은 사치품이 아니라 필수품

체력 관리는 하루라도 빨리 시작하는 게 좋다. 젊었을 때 체력 관리에 신경을 쓰지 않아 점점 약골이 되어가면 악순환에 빠진다. 나이가 들어선 하고 싶어도 무릎이 아프고 발목이 안 좋아서 운동을 못 하게 되고, 영영 운동을 포기하는 체념의 고리 속에 빠지고 만다. 운동을 포기하는 체념 단계에 들어서면 우리 삶이 긍정적이거나 윤택해질 수가 없다. 그러니 체력은 '있으면 좋은' 사치품이 아니라 우리가 행복한 삶을 살기 위해 꼭 필요한 필수 요소임을 기억하자. 즉 선택 과목이 아니라 필수 과목인 것이다. 이는 모두에게 해당한다. 직장인이건, 자영업자건, 워킹맘이건, 학생이건, 젊은 층이건, 중장년이건, 노년이건 구분할 것 없이 모두 말이다.

하루라도 젊을 때 체력 관리를 시작하면 삶이 얼마나 달라지는지 나는 몸소 체감했다. 나는 스무 살 후반부터 달리기를 시작했고, 마흔 살에 검도를 시작했으며, 쉰 살에 수영을 시작했다. 그리고 마흔 살 중반부터 탄수화물을 적게 먹고 야채와 단백질 위주로 식사하는 키토 식이요법을 해왔다. 지금까지도 이런 라이프스타일을 통해 건강과 체력을 유지하고 있다.

이런 노력을 하면서 동시에 체력과 체력 관리의 중요성에 대해 연구한 다양한 책과 자료를 찾아 공부했다. 여기서 얻은 교훈들은 내 삶에 큰 도움이 되었다. 그중 일부를 여러분들에게도 소개해볼까 한다.

체력과 건강의 관계에 대한 다양한 연구 결과들

건강한 체력은 질병을 예방한다

"체력이 좋으면 하루를 활기차게 보낼 수 있고, 감기 같은 질병에 걸렸을 때도 빨리 낫는다."

세계보건기구World Health Organization, WHO와 미국심장학회 American Heart Association, AHA에서 발표한 내용이다. 특히 평상시 체력 관리는 심장병, 뇌졸중, 당뇨병과 같은 만성질환의 발병 위험을 낮춰준다고 한다. 또한 관절염 같은 만성질환이 있는 사람에게도 신체 활동은 통증을 줄이고, 움직임을 개선하는 데 도움이 된다는 통계가 있다. 건강은 자랑하는 것이 아니라고 하지만 나 역시 운동을 꾸준히 하게 된 후로 마지막으로 감기에 걸려본 것이 언제인지 기억이 안 난다.

건강한 체력은 정신적 건강과 인지능력을 개선한다

평상시 체력 관리는 정신 건강에도 상당히 긍정적인 영향을 미친다. 꾸준한 운동은 엔도르핀과 세로토닌과 같은 신경전달물질의 분비를 촉진해 기분을 개선하고 인지 기능을 향상시킨다. 2015년 프론티어즈 인 사이콜로지Frontiers in Psychology가 한 연구에 따르면, 운동은 엔도르핀의 분비를 촉진해 스트레스 완화와 긍정적인 기분 향상에 기여한다. 마라톤을 하며 경험하는 '러너스 하이' 현상이 그 대표적 예다.

또 한 가지 자료가 있다. 미국심리학회American Psychological Association, APA의 연구에 따르면, 20~30분 정도의 중간 강도 운동을 하기만 해도 스트레스 호르몬인 코르티솔 수치가 낮아지고 긴장이 풀리는 효과를 얻을 수 있다고 한다. 10분 간의 걷기 운동만으로도 기분을 개선하고 스트레스를 완화하는 데 큰 도움이 된다.

그뿐만이 아니다. 운동은 인지 기능을 향상시켜 집중력과 기억력을 강화하는 데도 효과가 있다. 체력이 좋은 경우 뇌 활동이 활발해지고 집중도가 높아져 업무 효율성이 좋아진다. 캘리포니아대학교 로스앤젤레스UCLA의 연구에 따르면, 정기적으로 운동하는 사람은 운동하지 않는 사람에 비해 인지 저하를 경험할 위험이 35퍼센트 낮게 나타났다. 또한 정기적인 운동을 하는 사람들이 운동을 안 하는 사람에 비해 자아 실현감을 33퍼센트 이상 더 높게 느낀다고 한다. 점심 식사를 일찍 마치고 직장 근처를 한 바퀴 도는 습관을 들이면 오후에 일할 때 집중이 더 잘 되는 것도 이와 같은 이유다.

건강한 체력은 인간관계를 좋아지게 만든다

흔히들 "체력이 있어야 다정한 부모가 될 수 있다."라는 말을 하곤 한다. 맞는 이야기다. 내 몸이 힘들어 짜증이 나는데 어떻게 아이들에게 친절할 수가 있겠는가. 나를 돌볼 힘도 없는데 아이들과 즐겁게 놀아줄 수 없는 건 당연한 이야기다.

체력을 올린다는 것은 에너지를 높인다는 말과도 같다. 그럼 에너지를 높이는 활동에는 무엇이 있을까? 달리기, 근력운동 또는 팀 스포츠를 들 수 있다. 이처럼 규칙적인 운동은 심혈관 건강을 개선하고 전반적인 에너지를 높인다.

《임상 정신의학 저널》Journal of Clinical Psychiatry에 발표된 연구 결과를 살펴보자. 정기적으로 운동하는 사람들은 더 높은 에너지를 느끼며, 이는 사회적 상호작용과 참여 활동, 즉 소셜 활동 증가로 바로 이어진다고 한다. 출장을 가서 하루 종일 회의를 한 후 동료들과 저녁 식사 자리를 가져도 피곤함을 느끼지 않는 지구력을 갖추게 되는 것이다. 그러니 체력이 좋으면 다양한 모임에 참석하고, 친구와 만나 소통하고, 지역 사회 활동에 참여할 가능성이 높아져 사회적 네트워크 역시 더 넓힐 수 있다.

건강한 체력은 노화 속도를 더디게 해준다

최근 들어 저속노화에 많은 관심이 쏠리는 중이다. 그 방법 중 하나로 노화를 더디게 하는 일명 '저속노화 식단'이 부각되고 있다. 그러나 메인은 체력 관리다. 근육량은 50세 이후 매년 1~2퍼센트씩 감소하는데 이는 바로 노화로 직결된다. 하지만 적절하게 운동을 하면 근육량의 감소를 어느 정도 막을 수 있다. 근력 훈련은 근육량을 유지하고 노화에 따른 신체 기능 저하를 방지하는 데 효과적이다.

미국심장학회에 따르면 체력 향상은 심혈관 건강에 긍정적인 영향을 미친다. 규칙적인 유산소운동은 혈압을 낮추고, 콜레스테롤 수치를 개선하며, 심장병과 같은 만성질환의 위험을 줄이는 데 도움이 된다. 이 모든 요소는 노화 속도를 줄이는 데 탁월하다. 결국 심혈관 건강이 좋은 사람이 건강한 노년 생활을 누리게 된다.

스타트업 창업자들은
왜 달리는가?

　　나는 스타트업의 중심지인 미국 실리콘밸리에서 5년을 살았다. 미국 어디를 가더라도 길거리에서 달리는 사람을 심심찮게 볼 수 있지만, 실리콘밸리에서는 거리마다 달리는 사람을 정말 많이 보았다.

　미국에 오자마자 내가 한 일 중 하나가 달리기 클럽에 가입한 것이었다. 하나는 목요일 저녁에 달리는 '목요일 달리기 클럽'이고, 다른 하나는 토요일 아침에 달리는 '토요일 달리기 클럽'이다. 시작할 때 원형으로 둘러선 뒤 돌아가면서 자기 소개를 하고 달리기를 시작한다. 보통 4~5마일을 달린다. 달리기를 마친 후에는 카페에 삼삼오오 모여 앉아 회사 얘기도 하고 운동 얘기도 하면서 느슨한 연대감을 만들어간다.

스타트업 창업자들이 유독 달리기를 좋아하는 이유

달리는 이들 중 절반 정도는 창업자이고, 4분의 1 정도는 개인 전업투자가 혹은 벤처캐피털리스트다. 나머지 4분의 1은 테크 기업에 다니고 있다. 실리콘밸리니까 창업자가 많은 것은 당연한 일이지만 그럼에도 달리기 모임 인원 중 절반이 창업자라고 하니 신기했다. 이 달리기 모임만이 아니다. 여기저기서 만나는 스타트업 창업자들도 달리기가 취미라거나 시간만 나면 달린다는 사람들이 무척 많았다. 자전거를 타거나 하이킹을 하는 사람도 있지만, 달리기를 하는 사람이 압도적으로 많다. 실제로 파운더스 러닝 클럽Founders Running Club처럼 창업자들로 구성된 달리기 클럽도 상당수 있다.

스타트업 창업자들은 왜 유독 달리기를 많이 하는 걸까? 그들이 말하는 이유에는 공통점이 있었다. 일단 달리기는 가장 효과적이고 접근 가능한 운동 형태 중 하나다. 딱히 준비물이 필요치 않다. 특정 장소를 찾아가야 하는 게 아니므로 장소에 구애받지도 않는다. 적당한 신발만 있으면 어디서든 달릴 수 있으니 접근성이 가장 높은 운동이다. 또 달리기는 전신 운동일 뿐만 아니라 정신 건강 운동이기도 하다. 바로 이런 것들이 매일 새로운 것을 생각해야 하고, 회사의 전반을 다 챙겨야 하며, 경쟁과 빠른 성장의 압박이 상존하는 스타트업의 많은 창업자들이 달리기를 선택하는 이유일 것이다.

스트레스 해소를 위해 달린다

많은 스타트업 창업자에게 달리기는 능동적인 명상 시간이기도 하다. 달리는 것은 반복적인 몸의 움직임이 연속되는 행위여서 몸에 대해 크게 신경을 쓰지 않아도 된다. 저절로 알아서 몸이 움직이는 것이다. 그래서 달리는 동안 업무 중압감이나 스트레스를 잊어버리고 머리를 비울 수 있다. 트위터와 스퀘어의 공동 창업자인 잭 도시Jack Dorsey는 엄격한 달리기 루틴으로 유명하다. '왜 달리는가'라는 질문에 그는 "달리기 습관은 스트레스를 효율적으로 관리하고 중요한 의사결정을 수시로 하는 창업가에게 절대적으로 필요한 맑은 정신을 유지하는 데 큰 도움을 준다."고 말한다.

시간 효율성이 높아 달린다

24시간을 쪼개 살아야 하는 스타트업 창업자들이 바쁜 일정 속에서 운동에 긴 시간을 할애하기는 어렵다. 달리기는 최소한의 장비와 준비를 필요로 하는 가장 효율적인 운동이다. 이러한 편리함은 바쁜 스타트업 창업자들이 일상적인 루틴의 하나로 달리기를 포함하는 이유 중 하나다. 운동하러 특정한 곳을 특정한 시간에 가야 할 필요가 없다. 즉 언제 어디서든 가능한 게 달리기다.

유명 데이팅 앱 범블Bumble의 창업자인 휘트니 울프 허드Whitney Wolfe Herd는 건강을 유지하고 집중력도 높이는 하루 루틴 중 하나로 달리기를 꼭 포함하고 있다.

목표 설정 및 성취감을 위해 달린다

달리는 모든 사람이 그런 것은 아니지만 달리는 사람들 중 많은 사람이 본인의 달리기 기록을 늘 기억한다. 달리기는 목표 설정이 쉽고, 목표 달성 여부를 측정하는 것도 쉽다. 하루하루 목표가 명확한 것을 좋아하거나 목표 지향적인 사람들이 달리기를 좋아하는 이유다. 기업가이자 유명 대중 연설가 그리고 베이너 미디어VaynerMedia의 CEO인 게리 베이너척Gary Vaynerchuk은 달리기 목표 설정과 훈련 과정이 회사를 세우고 성장시키는 과정과 일치한다고 말한다. 자신의 달리기 목표와 비즈니스 목표 사이의 유사성을 자주 언급한 것이다.

커뮤니티 및 네트워킹을 위해 달린다

실리콘밸리에는 달리기 클럽이 많다. 앞서 말했듯 나도 목요일 달리기 클럽과 토요일 달리기 클럽에 소속되어 있는데 많은 사람이 함께 달린다. 물론 달리기를 할 때는 개인 스피드에 맞게 개별적으로 달린다. 하지만 시작 전에는 서로에게 자기를 소개하고 준비운동을 같이하며, 달리기가 끝나면 근처 카페에서 커피를 나누며 소통하는 시간을 갖는다. 어떤 달리기 모임은 독서 토론과 결합되어 있기도 하다. 독서 토론을 1시간 하고 나서 같이 달리는 것이다. 비슷한 취미를 가진 이들과 만나 같이 달리기를 하다 보니 대화도 잘 통하고 소통할 것도 많아진다.

또한 실리콘밸리에는 스타트업 커뮤니티가 많은데, 이들 플랫폼에서도 달리기 클럽을 만들어 창업자들에게 경험을 공유하고 서로를 지원하고 있다. 이런 소셜 활동과 공동체 의식은 종종 혼자 고군분투하며 외로움이나 고립감을 느끼는 스타트업 창업자들에게 큰 도움을 준다. 실제로 메타의 마크 저커버그, 트위터의 도시, 에어비앤비의 브라이언 체스키Brian Chesky 등 많은 유명 스타트업 창업자들이 매일 달리고 있다. 이들은 실리콘밸리의 대표적인 달리기 예찬론자들이다.

"나는 1년에 365마일을 달리는 것을 목표로 하고 있다. 물론 그보다 늘 더 많이 달린다. 달리기는 몸을 만들어줄 뿐 아니라 정신도 맑게 한다. 나에게 있어 업무와 상관없는 일을 생각하는 유일한 시간이다." I set a goal to run 365 miles in a year, but I ended up running a lot more. Running helps me stay fit and clears my mind. It's time for me to think about things away from the office.

-마크 저커버그, 페이스북 창업자

저커버그가 시가총액 약 2,300조 원으로 전 세계 7위에 꼽히는 회사(2024년 12월 기준)를 20년 이상 이끌어오면서 느꼈을 중압감은 가히 헤아리기 어렵다. 회사라는 게 잘 될 때도 있지만 내가 컨트롤할 수 없는 이유로 일이 잘 안될 때가 있기 때문이다. 또한 수십만 직원들의 밥벌이가 내가 하는 최종 의사결정에 달려 있다는 심적 압박감도 있다. 그래서 창업자들은 365일, 매일 24시간 회사 일을 생각하지 않고서는 지내기 어렵다. 이런 막중한 역할에서 오는 중압감과 스트레스에 잠식당하면 그 일을 지속할 수 없다.

저커버그는 이런 정신적 압박을 관리하고 건강을 지키기 위해 달리기 루틴을 성실히 이어가고 있다. 그는 달리기가 신체를 건강하게 유지할 뿐만 아니라 정신적 에너지를 재충전해준다고 말한다. 달리는 동안만이라도 업무 중압감에서 벗어날 수 있다는 것은 분명 정신 건강에 도움이 된다.

"나는 늘 새벽 5시에 일어나서 30분간 명상을 하고 6마일을 달린다. 달리기는 또 하나의 명상 방법이다. 스트레스를 없애주고 정신을 맑게 해준다." I wake up at 5 a.m., meditate for 30 minutes, then go for a six-mile run. Running is a form of meditation for me. It helps me manage stress and maintain mental clarity.

_**잭 도시, 트위터, 스퀘어 창업자**

도시는 트위터를 성공적으로 창업하고 이어서 스퀘어라는 금융 플랫폼을 연달아 성공시킨 실리콘밸리 주요 창업자 중의 한 명이다. 그는 경쟁 업체를 넘어서기 위해 매일 새로운 아이디어를 도출하고, 창의적이고 혁신적인 에너지를 지속적으로 유지하기 위해 명상과 달리기를 선택했다. 신체적 건강뿐 아니라 정신적 웰빙도 함께 유지하기 위해서다.

약 10년 전부터 달리기와 함께 명상은 실리콘밸리 창업자들 사이에서 주요한 트렌드로 자리 잡았다. 많은 창업가가 달리는 시간도 명상시간의 일부라고 말한다. 빛의 속도로 빠르게 진행되는 실리콘밸리의 기술 변화를 리드하며 일하려면 한결같은 평상심을 유지하는 것이 무엇보다 중요하기 때문이다.

"달리기는 몸을 만드는 동시에 마음도 맑게 하는 정말 좋은 방법이다. 또한 규칙적인 운동은 나 자신을 컨트롤하도록 도와

준다. 달리기는 내 루틴에서 중요한 일정 중 하나다." Running
is a great way to clear my head and stay in shape. The discipline of
regular exercise helps me stay disciplined in my work. It's an important
part of my routine.

-브라이언 체스키, 에어비앤비 창업자

빈방을 빌려주고 돈을 번다는 혁신적 아이디어로 호텔 숙박업 1위 기업인이 된 에어비앤비의 체스키도 달리기를 하면서 체력을 유지하고 있다. 체스키는 무엇보다 루틴의 중요성을 얘기한다. 규칙적인 운동은 그에게 일상에서의 규율을 심어주어 집중력과 생산성을 유지하는 데 도움을 준다. 달리기는 정신을 맑게 해주고 집중력을 높이는 효과가 있는데, 이는 체스키가 회사의 크고 작은 일을 결정하는 데 도움이 되었을 것이다. 창업자들에게 달리기는 단순한 운동이 아니라 창의성과 결단력을 키우는 일상의 근본적 요소와도 같다.

"내 하루 일정에 달리는 시간을 꼭 넣어준다. 몸도 건강하게 해줄뿐더러 집중도 높여주기 때문이다. 내가 잠시라도 외부와의 연결을 끊고 오롯이 나 자신에게 집중할 수 있는 시간이다." I make it a point to incorporate running into my daily schedule. It keeps me fit and helps me stay focused. It's one of the few times I

범블의 창업자인 허드도 달리기를 일상 스케줄에 반드시 포함시키려 노력한다고 강조한다. 미국에서는 범블을 통해 남친이나 여친을 사귀어서 결혼까지 이어진 사례가 많지만, 아무래도 데이팅 앱이다 보니 크고 작은 이슈들이 자주 터진다. 늘 이런 이슈들을 생각하고 고민해야 하는 창업자라면 하루 중 잠시라도 생각의 공백 시간을 갖는 게 정말 중요하다. 온종일 일에 대한 고민에 둘러싸여 있어서는 정신 건강을 유지하기 어려우니 말이다. 본인에게 집중할 시간을 따로 만들지 않는다면 회사를 장기적으로 유지해나가지 못할 것이다. 일을 더 잘하기 위해서라도 운동을 위해 개인적인 시간을 확보하는 것은 매우 중요하다.

제2장

어떤 운동도
늦지 않았다

20대에 달리기를 시작했다.

30대에 마라톤을 시작했다.

40대에 검도를 시작했다.

50대에 수영을 시작했다.

50대 중반에 근력운동을 시작했다.

우리나라 평균 은퇴 연령인 49.3세를 훌쩍 넘긴 나이, 나는 미국에 있는 구글 본사커뮤니케이션팀의 유일한 비원어민 디렉터가 되었다. 구글을 그만둔 뒤에는 하루 3~4시간을 자면서 주 70시간 넘게 육체노동을 하며 갭이어를 가졌다. 이 모든 것은 20대 이후 시작한 운동 루틴으로 다져진 체력 덕분이다.

30년 넘게 한 꾸준한 운동 덕분에 육체노동에도 쉬이 지치지 않으며, 지친다 해도 금방 회복된다. 잦은 해외 출장으로 시차가 바뀌어도 어려움 없이 적응할 수 있다. 업무에서 받는 긴장과 스트레스 관리도 잘 된다. 체력이 나를, 그리고 내 삶을 바꾸어주었다.

내가
검도를 권하는 이유

"무슨 운동하세요?"라고 누군가 내게 물으면 나는 답한다. "저 검도 해요." 그러면 다들 눈이 휘둥그레지며 왜 검도를 하게 되었냐, 언제부터 했냐, 검도하면 뭐가 좋으냐, 등등의 질문을 쏟아낸다. 그러곤 곧 검도에 관한 이야기꽃이 피기 시작한다.

나는 골다공증을 걱정할 나이인 마흔 살에 격투기 운동인 검도를 시작했다. 검도 덕분에 체력이 강해진 것은 물론, 운동을 하면서 새롭게 느낀 것도 많다. 그래서 늘 누군가에게 검도를 배워보라고 권하곤 한다.

나이가 아니라 실력이 중요한 검도

검도 연습을 마치면 늘 고단자 사범에게 1 대 1로 다가가 인사를 나누고 대련 복기를 한다. 먼저 둘 다 무릎을 꿇고 마주 앉아 정중히 인사를 나눈다. 그러면 고단자 사범은 모든 대련 연습생의 잘한 점과 잘못한 점을 기억했다가 복기를 해준다. 머리가 희끗희끗한 50대, 60대 연습생들이 20대, 30대 팔팔한 청년 고단자 사범들 앞에 무릎을 꿇고 앉아 고단자 사범들의 한마디 한마디 조언을 귀담아듣는다. 그러곤 서로 진지한 태도로 질문하고 고칠 점을 알려주는데 그 모습을 볼 때마다 나는 숙연해진다.

배움 앞에서는 나이가 중요하지 않다. 오로지 실력이 중요하다. 고단자 사범들은 대련한 수련생들의 칼을 모두 복기했다가 세세하게 코멘트를 해주는데, 웬만한 관심을 갖지 않고서는 수십 명의 칼을 기억하는 게 쉽지 않다.

이렇게 대련할 때는 나이와 상관없이 서로를 존중하며 배우는 자세를 가진다. 물론 연습이 모두 끝나 사복으로 갈아입고 그 어려웠던 고단자 사범님들과 맥주 한잔 나누며 세상 돌아가는 얘기를 할 때는 모두 친근한 언니, 오빠, 형, 동생 사이가 되지만 말이다.

검도를 할 때면 '전광석화'와 같아지는 나

검도를 하면 대회에 자주 나가게 된다. 나는 서울에 있을 때는 구 대회, 서울시 대회, 전국 대회, 또 미국에 있을 때는 북캘리포니아 대회 등을 나갔다. 어떤 운동이든 대회에 나가본 적이 있는가? 막상 시합이 시작되면 100미터 달리기 출발선에 서는 것만큼 떨린다. 이럴 때는 도통 아무 생각도 나지 않는다.

자칭 타칭 검도장에서의 내 별명은 번개나 부싯돌의 번쩍하는 불을 뜻하는 '전광석화'다. 권투 선수 알리의 '나비처럼 날아서 벌처럼 쏘는' 그런 빠른 공격력을 뜻하는 거라면 좋겠지만, 그런 뜻이 아니다. 경기에 나가자마자 너무 빠르게 져서 만들어진 별명이다.

대회에 나가면 3~4시간은 다른 조 경기를 보며 기다려야 한다. 내 순서가 되어 겨우 경기가 시작되면 시작하고 30초도 못 되어 2점을 맞고 제자리로 들어온다. 그야말로 전광석화처럼 빠른 속도로 지는 것이다. 이럴 땐 참 허무하다. 아침 일찍 나서서 늦은 오후까지 대회장에 있던 시간 중 내가 경기를 치른 시간은 1분도 채 안 된다. 나중에는 이기는 것이 목표가 아니라 무조건 3분을 버텨보자는 것이 목표가 되었을 정도다.

최근에 미국 검도장 합동 훈련에서 팀 대결을 했는데, 한번은 초등학생 아이와 시합을 하게 되었다. 키 차이도 많이 나고 상대가 초등학생이라 이걸 어떻게 해야 하나 고민했다. 그러다가 그 친구에게 머리를 맞고 1점을 내주었고, 정신을 차리려는 찰나에 바로 손목을 맞았다. 30초도 안 되어 2점을 내주고 경기장에서 내려왔다. '전광석화'라는 별명이 미국까지 따라온 것이다.

두 번째 경기는 나보다 머리 하나는 더 큰 남성 3단 선수와 맞붙었다. 이번에는 3분을 버텨보는 걸 목표로 했다. 배 속에서 우러나오는 기합으로 사전 제압을 하고 여러 번의 공격과 방어를 서로 주고받았다. 둘 다 기진맥진한 상태가 되었을 때 3분이란 시간이 끝났다. 물론 1점도 못 따서 무승부를 기록했지만 전광석화 같은 패배를 하지 않았으며, 작은 목표를 달성해서 나름 기분이 좋았다. 남들에게는 별것 아닐지 몰라도 나만의 목표를 정하고 달성하며 충족감을 느낀다는 것, 이 또한 검도를 하면서 내가 얻은 것 중 하나다.

검도복 입고 강남역 사거리 활보

2010년 강남역이 물에 잠겨 물난리가 났던 걸로 기억되던 아침이다. 아침부터 비가 세차게 내리기 시작했고, 나는 여느 날처럼 검도장으로 향했다. 검도장 문을 열고 들어가서 마룻바닥을 닦고 준비를 했다. 날씨가 궂어서인지 관원들이 많이 오지 않았다. 당시 검도장은 지하였는데, 연습하는 도중 천장에 물이 새기 시작했다. 그러더니 갑자기 물폭탄이 떨어지면서 도장에 물이 차올랐다. 그야말로 물난리가 난 것이다.

옷을 갈아입지도 못하고 검도복을 입은 채 부랴부랴 가방만 들고 일단 검도장을 나왔다. 지상 주차장으로 나가니 벌써 물이 무릎 위까지 차서 운전을 할 수가 없었다. 차를 두고 역삼역에 있는 회사까지 걸어가기로 했다. 강남역 사거리는 이미 허리까지 물이 차올랐다. 감색의 검도복을 입은 채 강남역 사거리를 활보하는 나를 모두가 쳐다보았다. 처음엔 창피한 마음이 들었지만, 내가 언제 검도복을 입고 강남역을 걸어볼까 싶은 생각도 들었다. 이왕 이렇게 된 것 자신감 있게 걸어보자며 어깨를 활짝 폈다.

허리까지 차오른 물에 검도복 바지가 치렁치렁 다리에 감겼지만 힘차게 한발 한발 내딛어 겨우 회사에 도착했다. 비를 쫄딱 맞은 채 젖은 검도복을 입고 강남파이낸스센터 회전문을 돌아서 들어가는데 리셉션에 계신 분이 허걱하고 놀란다. 가볍게 목례하고 빠르게 엘리베이터로 향했다. 제발 엘리베이터에 사람만 많지 않기를…. 하지만 역시 머피의 법칙. 스무 명 가까운 사람과 함께 엘리베이터에 탄 데다 함께 일하는 직원까지 나에게 아는 체를 했다. 쥐구멍에라도 들어가고 싶었다. 당시 강남역 물난리는 몇백 년 만에 왔던 자연재해로 기억되지만, 검도 덕분에 내게는 조금 특별한 기억으로 남겨졌다.

검도장의 오지라퍼이자 안방마님

한국에서 검도를 시작한 후 매일 새벽, 늘 내가 문을 따고 검도장에 들어갔다. 10년 이상 다니다 보니 내 집처럼 편안하고 익숙해진 곳이다. 새벽에 검도장 현관문을 열고 들어가 환기시키고, 마룻바닥을 닦고, 새로 등록한 검도 단원이 오면 아는 체를 하고, 운동이 시작되면 준비운동 구령을 붙인다. 저녁 연습 후에는 단원들과 치맥을 했다. 그 시간이 삶에 활력이 되고 더없이 좋았다.

미국에 와서도 이런 오지랖 안방마님 역할을 계속했다. 미국 검도장은 주 2회 저녁 연습이 있다. 나는 연습 때마다 50명이 넘는 단원이 먹을 간식을 싸간다. 2시간의 연습을 마치면 모두 허기가 지기 때문에 준비해간 간식은 큰 요깃거리다. 바로 이것이 이국땅에서 새로 들어간 검도장 단원들과 빠르게 친해질 수 있는 계기가 되기도 했다. 이제는 두세 명이 돌아가며 간식을 준비한다. 자연스레 연습 후 간식 문화가 정착된 것이다. 내가 먼저 다가가고, 이것저것 챙기고, 오지랖 넓게 간식을 싸가서 나눠 먹으니 도장에도 좋은 문화가 자리 잡았다.

최근에 새로 들어온 신입 관원은 "와, 여기 검도장은 너무 훈훈해서 좋아요."라며 조금 놀라듯 말했다. 맞는 말이다. 어딜 가도 사람이 제일 중요하다. 사람 냄새가 나는 곳에는 온기가 돌고 긍정적인 에너지가 흐른다. 물론 운동만 하고 갈 수도 있다. 하지만 그 외에 다른 것을 얻을 수 있다면 더 좋지 않은가. 함께 운동하는 사람들과 긍정의 에너지를 나누면 운동의 즐거움도 효과도 더 커진다.

최근 한국에 돌아와서는 올림픽공원 내에 있는 검도장을 다니기 시작했다. 겨울에는 아직도 깜깜한 시간에 집을 나서면 대개 가장 먼저 검도장에 도착한다. 여기서도 안방마님을 자처한다. 6시쯤 검도장에 나가 준비운동을 하고 있으면 단원들이 하나둘씩 도착한다. 서로가 눈인사를 나눌 때 에너지도 함께 나눈다. 1시간 30분 정도 두꺼운 도복이 땀에 흠뻑 젖도록 운동을 한 후 서로에게 마무리 목례를 하는 시간에는 운동이 주는 희열과 에너지로 가슴이 꽉 찬다. 그 에너지로 하루를 힘차게 시작한다.

죽을 만큼 무서웠던 물,
50에 수영을 시작하다

나는 쉰 살이 되어서야 수영을 배웠다. 수영을 배우려고 몇 번이나 도전했지만 물공포증 때문에 매번 포기해야 했다. 하지만 쉰 살이 되자 '라이프 스킬' 중 하나인 수영 배우기를 더는 미룰 수 없다는 생각에 특별한 코치를 찾았다.

로렌은 대학교 수영 강사이자 구글 캠퍼스의 수영장 코치였다. 나는 로렌에게 내 이야기를 했다. "저는 수영을 정말 배우고 싶어요. 그런데 물에 대한 공포증 때문에 물 근처만 가도 무서우니 어쩌면 좋을까요? 바다엘 가도 늘 해변가에 누워만 있었어요. 구명조끼 없이는 물속에 들어갈 수가 없으니 답답하더군요. 최근에 하와이에서 한 달 살기를 했는데, 와이키키 해변에서 멋지게 수영하고 싶었지만 제게는 그저 꿈이었어요. 무릎 정도 높이의 바닷물에 들어가는 것조차 무서웠으니까요. 이런 저도 수영을 배울 수 있을까요?"

쉰 살이라도 수영을 배워야만 하는 이유

나는 수영은 못하지만 그래도 스쿠버다이빙은 할 줄 안다. 물을 무서워하는 내가 스쿠버다이빙을 배운 것은 지구의 3분의 1인 바닷속 세상이 궁금하고 들여다보고 싶어서였다. 물이 무서웠지만 버디와 함께 들어간다는 것, 그리고 산소탱크를 통해 숨을 쉴 수 있다는 것이 그나마 안심을 시켜줘 죽을힘을 다해 배울 수 있었다. 그러나 물공포증 때문에 어드밴스드 스쿠버가 되어서도 물에 들어갈 때면 마치 전쟁터에 나가듯 '꼭 살아서 나와야지' 하는 결연한 다짐을 해야만 했다.

오픈워터와 어드밴스드, 드리프트(조류), 렉(난파선) 탐험, 25미터 이상 깊이로 들어가는 딥 다이빙 등도 모두 배웠다. 동남아 해변, 홍해, 팔라우, 호주와 피지 등 세계 곳곳의 멋진 장소를 돌아다니며 스쿠버다이빙을 했지만 솔직히 즐거운 적이 한 번도 없었다. 나는 매번 무서웠다. 내가 선택해서 하는 일이었지만 항상 '오늘 죽을 수도 있겠다' 하는 마음으로 다이빙을 했기 때문이다. 공포감이 언제나 즐거움을 압도했기에 남들이 즐거운 순간에 즐거운 줄도 몰랐다. 그저 이런 상황에서 벗어나고만 싶었다.

스쿠버다이빙을 하려면 먼바다로 보트를 타고 1~2시간 정도 나간다. 보통은 2시간 정도 다이빙을 한 후 뭍으로 나왔다가 다시 오후 다이빙을 하러 또 배를 타고 나간다. 그런데 한번은 오전 2시간 다이빙을 끝내고서도 보트가 뭍으로 나가지 않고, 바다 한가운데에 멈췄다. 여기서 쉬었다가 오후 다이빙을 시작한다는 것이다. 다들 쉬었다 간다는 말에 환호했고 평온한 바다에 뛰어들어 퐁당퐁당 놀았다.

하지만 나는 쉴 수가 없었다. '바다 한가운데서 쉬라'는 말이 어떻게 성립할 수 있는지 전혀 이해하지 못했다. 수영을 못할뿐더러 여전히 물을 무서워하니 말이다. 그렇다고 보트에 앉아 있기에는 날이 너무 뜨거웠다. 하는 수 없이 구명 튜브를 달라고 해서 그것을 몸에 끼고 물속으로 들어갔다. 다이버 모두가 수영을 잘하는 것은 아니지만, 나처럼 물을 무서워하는 경우는 없다. 곁에 있던 다이버들이 나를 보며 허허 웃었다. 이럴 때 수영을 할 수 있으면 얼마나 좋을까 하는 생각이 간절해진다.

물론 과거에도 수영을 배우려고 여러 번 시도했다. 수영 레슨을 받으러 가면 발차기까지는 잘한다고 칭찬받지만, 호흡법으로 넘어가면 문제가 시작된다. 물이 무서워서 킥판을 놓지 못하니 진도를 나갈 수가 없는 것이다. 그뿐인가. 머리를 물속에 넣지 못하니 호흡법 자체를 배울 수가 없다. 호흡법을 배우는 고비를 끝내 넘기지 못하고 그룹 레슨에서 매번 낙오하고 말았다. 이런 일이 대여섯 번 반복되니 나는 수영을 평생 배울 수 없겠다는 생각이 들었고, 배우는 것을 아예 포기했다.

그러다 쉰 살을 맞았다. 마흔 살에 새로운 운동인 검도를 시작했으니, 쉰 살에도 뭔가 새로운 운동을 시작해보자 마음을 먹었다. 그러곤 내가 그토록 하고 싶었지만 하지 못했던 수영을 배워보자고 맘을 먹었다. 그렇게 수영 코치를 섭외했고 드디어 로렌을 만났다.

물을 무서워하던 내가 수영을 배운 비결

나는 로렌에게 '난 수영을 잘 하는 것에는 관심이 없다. 물공포증만 이겨낼 수만 있다면 내 목표는 다 이룬 것이니 제발 물공포증을 없애달라'고 주문했다. 내가 수영을 배우는 곳에는 수영장 레인이 네 개가 있었다. 세 레인에서는 랩수영(왕복 수영)으로 모두가 전문 수영 선수처럼 열심히 수영을 했다. 내가 있는 레인은 그중에서 가장 얕은 쪽인데, 나는 거기서 레슨 시간 내

내 물놀이를 했다. 로렌은 내 발이 바닥에 닿는 곳에서 이런저런 물놀이를 시켰다. 로렌도 물속에서 걷는 놀이를 함께 했다. 물에 얼굴을 살짝 집어넣고 바닥을 쳐다보는 놀이, 바닥에 돌멩이를 던져놓고 집어 올리는 놀이, 수영장 바닥을 손을 터치하고 올라오는 놀이처럼 간단한 것들이었다. 때론 물에 몸을 맡긴 채 V자 자세로 떠서 노를 젓는 놀이도 했다.

두 달 동안 매일 1시간씩 레슨을 했지만 주로 이런 물놀이를 하며 시간을 보냈다. 그러자 어느 순간 서서히 물이 무서워지지 않기 시작했다. 점점 물 안에 있는 것이 익숙해지고 물에 들어가는 시간을 기다리게 됐다. 내 몸이 조금씩 뜨는 것을 느낄 수 있었다. 물론 발이 닿지 않는 저 반대편으로는 가보지 못했지만 말이다.

두 달이 되었을 때 로렌은 제자리에서 얼굴을 물에 담그고 스트로크(팔로 물을 당기는 동작)를 해보라고 했다. 호흡도 따로 가르쳐주지 않았다. 스트로크를 하면서 얼굴을 옆으로 돌려보라고 했다. 그냥 따라 하기만 했는데, 신기하게도 호흡이 되었다. 어떻게 갑자기 호흡이 되었는지 너무 신기할 정도였다. 그렇게 '음~파~'에 성공했다. 지난 50년 동안 그토록 배우고 싶었던 '음~파~'가 드디어 된 것이다. 로렌도 나도 급하게 서두르지 않았다. 그렇게 호흡이 된 이후 발이 닿는 곳까지만 자유형으로 갔다가 되돌아오기를 반복했다. 발이 닿지 않는 곳은 심리적인 불안감 때문에 여전히 가기 힘들었다.

그렇게 또 두 달 정도 호흡만 연습했다. 호흡이 안정되면서 쉬지 않고 자유형으로 수영장 반쪽을 왔다 갔다 하는 것이 가능해졌다. 그러던 어느 날 로렌은 나에게 반대편 끝까지 가보라고 했다.

"제가 계속 따라가고 있을 거예요. 무슨 일이 있으면 바로 건져줄 테니 걱정하지 말고 끝까지 한번 가보세요."

여전히 무섭고 자신이 없었지만 로렌을 믿고 한번 가보기로 했다. 중간 이후부터는 눈을 감고 수영장 바닥을 쳐다보지 않으려 애쓰면서 반대편으로 갔다. 반대편 벽에 손이 닿자마자 수영장 턱에 매달렸다. '드디어 성공!' 나는 마치 올림픽 수영 금메달을 딴 것처럼 기뻤다. 그러곤 다시 반대 방향, 즉 얕은 쪽으로 수영을 시작했다. 그렇게 4개월 만에 처음으로 25미터 수영장 전체를 왔다갔다 할 수 있게 되었다. 그 이후에는 자연스럽게 수영 스트로크를 배울 수 있었다.

내가 개발한 '할머니 수영법'

호흡이 안정되니 아주 빠른 속도로 수영하지 않는 한 '무제한 왕복'이 가능했다. 나는 남들보다 2배속 느리게 설렁설렁 수영

했다. 이 수영법을 나는 '할머니 수영법'이라고 부른다. 몸의 힘을 완전히 빼고 물속에 내 몸을 맡긴다. 그러면 물이 내 몸을 띄운다. 그리고 앞으로 나아갈 때마다 물이 실크처럼 내 몸을 스치는 것을 느낀다. 몸이 가벼워지면서 마치 거북이가 용왕을 만나러 바닷속을 유유히 헤엄치는 듯한 기분이 든다. 원래 물속에서 사는 생물인듯 편하게 느껴질 정도다.

그렇게 내가 가장 무서워하던 수영이 이제는 가장 좋아졌다. 일을 하다가도 점심시간 1시간을 이용해 재빨리 수영장에 갔다 올 정도다. 심지어 낮과 밤, 24시간 언제라도 이용할 수 있도록 집 근처 수영장 두 군데에 회원등록을 했다. 물을 그토록 무서워하던 내가 수영장 두 군데에 회원 등록을 하고 다닐지 누가 알았겠는가. 시간이 날 때마다 수영을 즐기고 수영할 때마다 행복감에 겨워할 날이 올 것을 누가 상상이나 했겠는가.

자기가 하는 운동의
영업 사원이 돼라

"아니, 로이스 님은 검도협회에서 무슨 스폰이라
도 받으시는 거예요?"

내가 검도가 좋다며 열을 올리며 얘기하면 옆에서 듣고 있는
누군가가 내게 농담을 던지곤 한다. 다른 사람들에게는 열혈 영
업 사원으로 보일 만큼 말하고 행동하기 때문이다.

그렇다. 운동을 좋아할 이유가 있어야 오래 할 수 있다는 게
내 지론이다. 그 이유가 운동 그 자체일 수도 있고, 운동하면서
만나는 사람일 수도 있다. 아니면 운동 후 뒤풀이가 이유일 수
도 있다. 잿밥에 관심이 많더라도 그것이 동력이 된다면 그 또

한 좋은 동력이 되니 잘 활용하는 게 좋다.

자기가 하는 운동의 영업 사원이 되면 무엇이 좋을까?

요즘은 친구나 가족을 만나면 건강에 대한 이야기를 부쩍 많이 한다. 365일 운동을 꾸준히 하지 못하는 사람이라 해도 운동은 늘 관심사 중 하나다. 동네 배드민턴 클럽에서 복식 매치에 재미 들린 큰언니는 만나면 늘 배드민턴 얘기를 한다. 5분 만에 땀으로 흠뻑 젖는 운동 맛도 좋지만, 셔틀콕을 걸고 하는 매치는 자동차 경품이라도 달린 것처럼 긴장되어 최선을 다하게 된단다.

요가를 본격적으로 시작한 친구는 요가와 명상이 주는 장점에 대해 입에 침이 마르게 이야기한다. 이 친구는 요가 강습 자격증을 딴 것은 물론이고, 명상 동영상을 유튜브에 올릴 정도로 열성적이다. 스트레스로 가득한 현대인들, 온종일 컴퓨터 앞에 앉아 거북목 동물로 퇴화하고 있는 직장인들에게 요가나 제대로 된 스트레칭이 왜 중요한지 열변을 토한다. 영업 사원도 이런 열혈 영업 사원이 없다. 임종을 앞둔 사람이 요가를 하고 다시 살아났다는 과장된 이야기까지 곁들이면서 말이다.

나는 그 모습이 참 보기 좋다. 이렇게 자기 운동에 대해 애착을 갖고 열변을 토할 정도의 '영업 사원' 자세를 갖는 것은 그 운동을 꾸준히 하는 데 도움이 되기 때문이다.

첫째, 운동 이야기를 하면서 그 운동에 대한 자기 확신이 더 강해진다. 혹여라도 매너리즘에 빠질 때라면 자신이 한 이야기에 스스로 자극과 격려를 받아 다시 열의를 갖게 된다. 그뿐 아니라 새삼 그 운동을 꾸준히 하고 있는 자신이 대견하게 여겨지면서 자긍심마저 든다. 운동을 더 열심히 지속하게 만드는 긍정적 자극제다.

둘째, 다른 사람이 내가 하는 운동을 알게 함으로써 외부 자극을 지속적으로 받을 수 있다. 친구나 지인에게서 "오늘도 운동하러 가세요?" 혹은 "너 아직도 그 운동해?"라는 질문을 받으면, 그때마다 새롭게 각성하는 효과를 누릴 수 있다. 운동 침체기에 빠져 있거나 귀차니즘 때문에 운동을 거를까 싶다가도, 주변에서 이렇게 아는 체를 해주면 마음을 다잡게 된다. 다시 무거운 몸을 일으켜 운동을 하러 나가게 되는 것이다.

셋째, 자기가 하는 운동에 관심을 가지고 더 많이 알고 싶어진다. 자기가 하는 운동에 대해 잘 아는 것은 그 운동을 제대로 할 수 있는 가장 기본적인 토대이자 출발점이다. 나는 새로운 운동을 시작할 때마다 그 운동에 대한 자료를 틈틈이 찾아 본다. 그 운동의 역사와 유래를 찾아보고, 얼마나 많은 사람이 그 운동을 하고 있는지, 그 운동을 제대로 하려면 어떤 마음가짐과 자세가 필요한지 등 자료를 검색해서 공부한다.

오늘은 내가 좋아하는 운동인 검도의 영업 사원으로 빙의해보련다. 나는 지난 17년 동안 검도를 했다. 출장이나 여행 기간을 빼고는 하루도 빠뜨리지 않았으니 한국에서는 10년 넘게 한 셈이다. 미국 본사로 발령나서 캘리포니아에 살게 되었을 때도 검도장부터 찾았다. 그리고 한국으로 다시 돌아온 지금도 여전히 검도 훈련을 이어가고 있다. 팔꿈치 엘보에 통증이 생기거나 종아리 근육 파열로 운동을 잠시 쉬었을 때도 검도장에 나가는 것만큼은 멈추지 않았다. 내가 직접 하진 못해도 동료들이 검도하는 것을 지켜보거나 대련 시 시간을 재주는 타이머 역할을 할 수 있기 때문이다. 검도는 내 정체성의 일부라 할 수 있다.

물론 나는 검도를 잘하지는 못한다! 그저 좋아할 뿐이다. 처음엔 검도라는 운동 자체가 좋았지만 나중에는 검도장의 문화가, 그리고 함께 검도를 하는 동료들 덕분에 검도를 더 좋아하게 됐다. 이처럼 나에게 검도가 각별한 이유는 셀 수 없이 많지만 다섯 가지 정도로 정리해보려 한다.

내가 검도를 예찬하는 다섯 가지 이유

이유 1. 긴 호흡의 운동이다

검도는 급속도로 잘하게 될 수도 없고 오래 한다고 무조건 실력이 늘지도 않는다. 그래서 더욱더 재미있는 운동이라는 생각이 든다. 4단 사범이 1급 무단자에게 무참히 질 수 있는 게 검도다. 게다가 시작하는 나이가 따로 정해져 있지도 않다. 태권도처럼 어렸을 때 친구를 따라가 시작할 수도 있고, 대학교에 들어가 동아리 활동으로 접할 수도 있다. 아니면 나처럼 마흔 살이 넘어 입문할 수도 있다.

젊어서 시작한 검도나 나이가 들어 시작한 검도, 그 어떤 것도 무시할 수 없다. 움직임이 빠릿빠릿한 젊은 검도인에 비해 상대적으로 발놀림은 느릴 수 있지만, 칼의 날카로움이 더해지고 수비가 공고해져 절대 틈을 안 주는 연배 있는 검도인의 대결은 늘 흥미진진하다. 미국에 있을 때 다녔던 캘리포니아 산호세 도장에는 8단 고단자 사범님이 계셨는데, 몇 년 전 뇌졸중이 와서 한쪽 손에 떨림이 있다. 그런데도 그분은 체력이 되는 한 검도를 지속하셨다. 죽도를 잡고 대결 자세를 취하면 언제 손이 덜덜 떨렸나 싶을 정도로 달라진다. 80세가 넘은 분이지만 그분의 칼을 제대로 대적하기란 결코 쉽지 않았다.

이유 2. 검도를 하면 땀을 많이 흘린다

나에게는 '운동=땀 빼기'라는 등식이 있다. 운동을 마치고 땀에 흠뻑 젖었을 때야 비로소 큰 희열을 느낀다. 운동은 자고로 땀이 흠뻑 나야 동기부여가 되는데, 이 등식에 맞지 않아서 골프를 2년 정도 해보고 바로 마음을 접었을 정도다. 골프는 한여름에 더워서 땀이 나는 것 말고는 운동 자체로 땀을 흘리는 종목은 아니다. 나는 필드에서 걷거나 뛰고 싶은데, 캐디는 꼭 카트를 타야 한다고 했다. 새벽에 나가서 하루 종일 시간을 쏟아도 걸음 수는 5,000보를 못 넘겼다. 골프는 나에게 결코 땀나는 운동이 되지 않았다.

땀이 나는 것은 체온 조절을 위한 작용이라 지방 연소와 바로 연결되지는 않지만 심리적 뿌듯함을 가져다주는 효과가 있다. 검도복은 아주 두꺼운 면으로 된 소재인데, 1시간 정도 운동을 마치고 나면 도복이 땀으로 흠뻑 젖는다. 머리 보호 도구인 호면을 벗으면 그야말로 얼굴에 비 오듯 쏟아진 땀의 열기로 수증기가 폴폴 나기도 한다. 그렇게 온몸에 땀을 흠뻑 흘리면 비로소 제대로 운동했다는 뿌듯함이 찾아온다. 개운하게 샤워를 하고 났을 때의 상쾌함은 또 어떤가. 그 행복스런 만족감은 무엇과도 바꿀 수 없다.

이유 3. 예의가 아주 중요한 운동이다

검도는 격투기 과에 속하지만 내가 본 검도는 예의, 즉 에티켓을 상당히 중요하게 여기는 무도에 가깝다. 검도를 배울 때도 초반 며칠은 예의에 대해서만 배운다. 인사하는 법, 앉고 일어서는 법, 도복 입는 법(도복을 여며 매는 리본 방향까지도 정해져 있다), 죽도 잡는 법(죽도를 흔들흔들거리거나 끝을 바닥에 집고 서거나 하면 안 된다) 등. 이처럼 예를 강조하는 것은 우리가 연습하는 칼이 대나무로 된 죽도이지만 자고로 검을 휘두를 때는 반듯한 마음과 정신 상태를 유지하는 것이 중요하기 때문이다.

특히 검도에서 강조하는 것은 인사다. 인사는 도장에 들어오고 나갈 때 하는 장소에 대한 인사, 관장님 혹은 사범님께 하는 인사, 동료에게 하는 인사가 있다. 처음 검도를 시작할 때는 이런 인사들이 형식적이고 권위적으로 보여 어색했다. 하지만 막상 검도를 시작하고 난 후엔 관장님, 사범님에 대한 존경심, 내가 운동하는 장소에 대한 경외감, 함께 땀 흘리는 동료들과의 검우애를 느끼게 되어 그 마음이 달라졌다. 이들에 대한 인사가 마음에서 절로 우러나왔다.

그뿐만이 아니다. 인사라는 행위가 우리의 마음가짐을 정돈하는 데도 상당한 영향을 미친다는 것을 알게 되었다. 때론 외면이 내면을 바꾸기도 하는 법. 형식만큼이나 내용도 중요하고 내용만큼이나 형식도 중요하다. 겉으로 드러나는 말과 행위 그리고 마음가짐은 결국 서로 영향을 주고받으며 하나의 방향으로 나아간다.

이유 4. 잘하는 것보다 제대로 하는 것을 중요시한다

검도 대련에서는 무조건 이기려고만 하는 자세를 저급한 것으로 본다. 한 번을 쳐도 제대로 치고, 상대를 배려하면서 가볍고 빠르고 경쾌하게 칠 것을 강조한다. 초심자나 승부욕과 경쟁심이 넘치는 사람과 대련하는 경우 상대의 칼에 잔뜩 힘이 들어가 있어 그것을 맞으면 머리에 혹이 나고 손목에 멍이 들곤 한다. 검도가 끝나면 고단자인 사범들이 대련과 자세에 대해 정성껏 복기를 해주는데, 가장 많이 하는 말이 '무조건 때리려고 하지 말고 바르게 하라'는 것이다.

최근 8단 고단자 선생님이 7단 고단자 선생님과 대련하고도 같은 말을 해주시는 것을 들었다. 이기는 데만 집착해 칼을 쓰지 말고 바르게 제대로 쓰라고 하셨다. 마치 인생을 사는 지혜와도 같다. 이긴다고 다가 아니고, 어떻게 이겼는지가 중요하다는 것을 상기하게 해주는 말이다. 우리 삶도 그렇지 않은가. 결과나 성패보다 중요한 것은 거기에 이르는 과정이다.

이유 5. 다른 사람이 많이 안 해서 좋다

검도는 다른 운동에 비해 하는 사람이 적다. 대한검도회에 따르면 검도 인구는 50만 명 정도인데 이 중 유단자가 10만 명 남짓이다. 태권도 인구가 1,000만 명이고 유단자 수는 300만 명, 유도 유단자 수가 20만 명인 것에 비해 많이 적은 수치다. 큰언니가 하는 배드민턴 인구는 대한체육회에 따르면 400만 명이라고 한다.

검도 인구가 50만 명이라지만 실제로 현재 검도를 수련하고 있는 인구는 그보다 훨씬 적다. 그래서 검도를 한다고 하면 많은 사람이 신기하게 봐주어서 좋다. "저 검도해요."라고 하면 일단 두 번은 다시 쳐다본다. 대중적으로 많은 사람이 하지 않는 운동에 대한 장점이라고 생각한다. 검도를 하는 사람이 적으니 검도를 한다고 하면 일단 눈이 동그래져서 "어머, 검도 하세요?"라고 되물으며 관심을 보인다. 여자인 데다 적지 않은 나이라 더 놀라는 것도 같다.

남들이 신기해하는 운동, 흔히 하지 않는 운동을 하면 좀 더 자극이 되는 면이 있다. 왠지 '나 쿨한 사람이야'라고 하는 느낌이랄까. 그리고 검도 인구가 별로 없어서 대회에 나갈 기회가 많이 찾아온다. 검도는 시작하고 얼마 안 돼도 구 대회, 시 대회, 전국 대회에 나가 입상할 수 있다. 400만 명이 하는 배드민턴은 1~2년 정도 해서 서울시 대회 나가서 입상하는 게 상대적으로 쉽지 않을 터다. 각종 대회에 쉬이 나갈 수 있다는 건 분명 큰 장점에 속한다. 대회에 나가면 운동을 더 잘 하고 싶은 열의와 더 열심히 하고 싶은 마음이 생기기 때문이다.

검도 운동의 숨은 매력 살펴보기

검도의 매력을 다섯 가지나 살펴봤다. 그런데 보너스가 더 있다. 사람 사귀는 것을 좋아하는 사람에게는 한 가지를 더 이야기한다. 왜 그런지 이유가 명확지는 않지만 검도 운동에는 뒤풀이가 필수다. 연습을 마치고 같이 치맥을 하거나 늦은 밤 고깃집에서 술잔을 기울인다. 검도를 2시간 하고서도 뭐가 부족한지 3시간 남짓하는 회식 내내 검도 얘기뿐이다. 아침 검도 연습을 하는 날에는 출근 전 간단하게 모닝커피를 함께 마시기도 한다.

미국에 와서는 검도장에서 요리를 해서 같이 먹었다. 매번 하는 것은 아니지만 보통 금요일에는 몇 명이 돌아가면서 요리를 담당한다. 맥주도 함께 마신다. 검도 운동도 좋지만 이런 뒤풀이 문화를 좋아하는 사람이라면 검도를 꼭 추천한다. 물론 술을 억지로 권하지는 않는다!

또한 검도는 평생 운동이다. 20대의 팔팔한 기운으로도 즐길 수 있고, 나이 지긋한 60대에도 즐길 수 있다. 그만큼 나이에 구애받지 않고 평생 운동으로 하기에 좋다. 마침 평생 검도에 대한 좋은 문장이 있어 소개해본다.

10대에 검도를 하면 자신감이 생기고

20대에 검도를 잘한 사람은 30대에 당당하다.

30대에 검도를 한 사람은 40대에 늠름하다.

40대에 검도를 해둔 사람은 초라하지 않은 50대를 맞을 수

있다.

50대에 검도를 게을리하지 않은 사람은 60대가 되어도 두려

워하지 않는다.

60대에 쉬지 않고 검도를 수련한 사람은 누가 위로해주지 않

아도 담담하게 70대를 맞을 수 있다.

70대에 검도의 진미, 인간 존중을 할 수 있으며

80대에 평온을 찾을 수 있다.

달리기를 하고
인생이 달라졌다

사람마다 인생의 터닝 포인트, 즉 변곡점이 있다. 나의 경우 인생 상반기의 최대 변곡점은 스무 살 후반, 미국에서 대학원을 다니던 시절이다. 나는 그해에 '새로 태어났다'born again라는 표현을 자주 할 정도로 스물일곱 살 전후로 내 인생이 완전히 달라졌다고 생각한다. 지금껏 일에서 능력을 인정받고 화목한 가정을 이루며 건강하게 잘 살아온 것도 나의 본 어게인 프로젝트 덕분이다. 그 프로젝트 안에 바로 달리기가 있었다.

한없이 소심하고 내향적이었던 나란 사람

어려서부터 대학생이 될 때까지 내 성격은 극소심 트리플 A형이었다. 내향형 혹은 내성적이란 말을 달고 살았고 수줍음도 많았다. 그런 성격의 바탕에는 아마 자신감 없음이 깔려 있었던 듯 싶다. 초중고를 통틀어 반장, 부반장은커녕 분단장(지금의 모둠장)도 못 해본 나는 사람들 앞에서 말하는 훈련이 전혀 안 되어 있었다. 그러다 보니 남들에게 내 의견을 조리 있게 말하는 것에 늘 자신이 없었다.

친구들과도 1 대 1로 만나면 곧잘 얘기하지만, 너댓 명만 넘어가면 나도 모르는 사이에 다시 경청 모드로 들어가고 리액션만 했다. 에너지 넘치는 10대 친구들의 재잘대는 수다에 끼어들 틈을 찾기도 어려웠고, 꼭 끼어들어야 할 만큼 재밌는 얘깃거리를 갖고 있지도 않았다.

대학교에 올라와서는 나의 숫기 없음이 극도로 강하게 표출되었다. 나는 대학교에 들어가면 새로운 친구를 만날 테고 환경도 새로워지니 '이제부터라도 나를 바꿔보자'라는 기대를 내심 했었다. 좀 더 적극적으로 나서고 사회적인 성격으로 바꿔보자는 생각이었다. 하지만 그러한 결심은 첫날부터 무너졌다.

첫 수업 시간, 옆에 앉은 친구와 이런저런 얘기를 나눠보니 이 친구는 나와 너무 달랐다. 나는 새벽잠을 안 자며 입시 지옥을 이겨내고 겨우겨우 학력고사 점수에 맞춰 대학에 들어온 것 같은데 옆자리 친구는 나와는 다르게 고등학교를 다닌 듯이 보였다. 나는 국어책에 나오는 지문 정도밖에 읽은 게 없는데 그 친구는 톨스토이의 《부활》이며, 헤르만헤세의 《데미안》 등 내가 대학교에 들어와 겨우 읽기 시작한 책들을 이미 고등학교 때 다 섭렵했던 것이다.

그 친구뿐만이 아니었다. 대학교에서 만난 친구들은 어쩜 다들 그리 말도 잘하고 똑똑해 보이던지, 독서량과 생각의 양에서 친구들에 비해 내가 한참 뒤처진다는 생각이 들었다. 그래서인지 대학교에 들어와 무거웠던 입은 더욱 무거워졌고 소심했던 마음은 더욱 졸아들었다. 그렇게 대학 4년을 보냈다.

본 어게인 프로젝트, 새로운 삶을 시작하다

이런 나 자신을 좋아한 것은 아니지만, 그렇다고 나를 변화시킬 엄두가 나지 않았고 그럴 동력을 찾지도 못했다. 그리고 미국으로 유학을 갔다. 남편과 함께 시작한 유학 생활. 첫 2년은 남편이 다니는 학교에서 한 학기에 한두 과목 정도, MBA에 필요한 필수 과목만 들었다.

당시 유학생 커뮤니티는 보통 남자들(공부하는 남편들) 위주로 이루어졌었다. 과 모임이든, 교회 모임이든, 동창 모임이든, 남자들이 중심이 되고 와이프들은 들러리다. 물론 와이프끼리 모임이 만들어지고 활동도 많이 하지만 결국 남편들 때문에 연결된 관계다. 이렇게 2년을 유학생 와이프로 보내면서 변두리인으로 살아가는 데 더욱 익숙해지고 있었다.

그러다가 MBA 본 과정을 시작할 때쯤 큰 결단을 내렸다. 남편과 떨어져 다른 학교로 가기로 했다. 당시 영어가 무척 중요해진 남편도 1년 정도는 떨어져 지내자는 내 생각을 지지했다. 대학교 1학년 때 과 커플로 만난 우리 부부는 항상 붙어 있었기에 1년간 떨어져서 지내겠다는 것은 정말 큰 결정이었다.

나는 외딴곳에 나를 떨어뜨려 놓고 싶었다. 전혀 모르는 곳으로 가서 내향적이고 숫기 없는 나의 성격을 바꾸고 다시 태어나고 싶었다. 나를 아는 사람이 하나도 없는 곳에서 정신적으로 독립하는 것은 물론 나를 옭아맨 스스로의 틀에서 벗어나 자유롭게 살고 싶었다. 아무리 달라지고 싶어도 이미 나를 이미 아는 사람들 속에서는 한계가 있을 거란 생각에 아주 낯선 곳을 택한 것이다. 나에 대해 아는 사람이 한 명도 없는 곳, 나에 대한 선입견과 편견이 없는 곳. 내가 갑자기 '말을 많이 해야지!' 하고 180도 다르게 행동하면 다들 "쟤 미쳤나?" 할 수도 있으니까 말이다.

그렇게 남편과 떨어져 다른 주에 위치한 대학원에 가면서 내가 정한 원칙이 있다. 첫째, 남들에게 먼저 인사하고 매일 다른 친구와 밥을 먹는다. 둘째, 수업 시간마다 손을 들고 질문한다. 셋째, 달린다. 그 당시 왜 '달린다'를 넣었는지 이유가 명확히 기억나지는 않는다. 몸을 움직이는 것이 내 성격과 존재감에 영향을 미칠 거라는 생각에 그랬던 듯싶다.

당시 나는 학교 기숙사에 살았기에 나의 동선은 '기숙사-교실-식당-도서관-다시 기숙사'였다. 2년에 마치는 MBA 코스를 1년에 5학기를 들으면서 마치려면 한 학기에 다른 사람들보다 두세 과목을 더 들어야 했다. 그러자면 고3 때를 방불케 할 정도로 오랜 시간 책상 앞에 엉덩이를 붙이고 앉아 졸린 눈을 비벼가며 공부하는 수밖에 없다. 내가 적극적으로 시간을 내어 몸을 움직이지 않으면 하루 500보 걷는 것조차 힘든 일정이었다. 이렇게 1년을 지낸다면 몸뿐 아니라 정신 건강에도 위기가 찾아오겠다 싶었다. 불현듯 찾아온 위기감은 매일 최소 1시간은 꼭 운동을 하리라고 마음을 먹게 만들었다.

나는 기숙사에 도착한 첫날부터 나를 사교적으로 바꾸겠다는 결심을 실행하기로 했다. 그러곤 바로 내 기숙사 앞방 문을 두드렸다. 그런데 문을 빼꼼히 열고 나온 건 남자였다. 여자 기숙사인데 남자가 나오니 나는 소스라치게 놀랄 수밖에 없었다. 알고 보니 다이애나의 남편 짐이었다. 공부하는 아내를 데려다주러 잠시 들렀다고 했다. 그 부부도 나처럼 롱디를 해야 했다.

처지가 비슷한 다이애나와 나는 첫날부터 친구가 될 수 있었다.

달리기는 언제 어디서든 할 수 있는 가장 좋은 운동

나는 다이애나와 매일 10킬로미터를 달렸다. 물론 처음엔 3킬로미터로 시작했다. 달리기를 통해 체력이 길러지고 달리기에 가속도가 붙으면서 5킬로미터, 나중에는 10킬로미터로 거리를 늘려나갔다.

몸을 움직이면 집중이 잘됐다. 달리고 와서 샤워하고 책상 앞에 앉으면 운동을 했다는 뿌듯함 때문인지 마음이 한결 가벼웠다. 마치 뭔가에 이긴 것처럼 승리자의 마인드로 공부에 임할 수 있다. 이처럼 운동은 나에게 상당한 자신감을 심어 주었다. 아무리 바빠도 시간을 내서 달리기를 해냈다는 성취감, 내가 자기 주도적으로 시간과 내 몸을 컨트롤했다는 자신감 말이다. 그래서 달리기는 육체적 건강에 도움을 준 것 이상으로 마음 단련에도 유익했다.

그렇게 나는 달리기를 하면서 1년을 보냈다. 한 학기에 여섯 과목 이상을 들었고, 외국 학생들에게는 해당이 안 된다는 장학금도 받으며 우수한 성적으로 졸업했다. 비록 3~4시간밖에 잠을 자지 못했음에도 달리기 덕분에 공부할 체력이 길러졌다. 또 달리면서 스스로 느낀 자신감 덕분에 내향적인 성격을 사교적이고 사회성 있는 성격으로 바꿀 수 있었다. 달리면서 그날 공부한 것을 생각하기도 하고, 프로젝트 아이디어를 떠올리기도 했다.

그뿐만이 아니다. 때론 달리면서 공부에 지친 머리를 식히는 휴식과 공백의 시간을 갖기도 했다. 무엇보다 공백의 시간이 내게는 더없이 소중했다. 아무 생각도 하지 않고 온전히 휴식을 취하게 둠으로써 에너지를 축적할 수 있었기 때문이다. 잠시의 휴식 시간조차 스마트폰과 컴퓨터에 빼앗기는 현대인에게 머리를 비울 공백의 시간은 정말 필요한 시간이다. 그렇게 1년 내내 달렸고, 그 1년 동안 나는 낯선 곳에서 새로운 친구들을 자신 있게 만나게 되었다. 졸업할 때가 되니 나는 사교성이 넘치고 자신감이 풍부하고 체력은 짱짱한 사람이 되어 있었다. 진짜 본 어게인을 한 것이다. 그 가운데 운동, 즉 달리기가 있었다.

하고 많은 운동 중 왜 달리기냐고 물을지도 모르겠다. 우선 달리기는 그 어떤 준비물도 필요하지 않다. 운동하기 위해 특별한 장소를 찾아가지 않아도 된다. 그저 편안한 운동화를 신고 집 밖으로 나가 달리면 그뿐이다. 요즘은 어딜 가도 산책로가 잘 꾸며져 있지 않은가. 강변이나 산책로를 달려도 좋고, 체육관을 달려도 좋고, 동네 초등학교 운동장을 달려도 좋다. 그것도 안 되면 사무실 근처나 집 근처 골목을 빠른 걸음으로 걸어도 좋다. 물론 집 근처 헬스클럽에서 달려도 좋다.

마라톤을 하며 존재의 이유를 탐구한다

30대에 나는 마라톤을 시작했다. 하프 마라톤은 10회를 넘어가면서 세지 않았고, 풀코스는 7회를 달렸다. 4년간 마라톤을 정말 열심히 했다. 달리기를 할 때는 길이보다는 시간을 정해놓고 달렸다. 한강변을 주로 달렸는데, 성수대교 근처에서 출발해 여의도 쪽으로 가거나 광나루 쪽으로 달렸다. 처음에는 동호대교까지만 갔다 왔는데, 시간이 지날수록 다리 하나하나를 더해가는 재미가 있었다.

그러다 아이를 재워놓고 밤 11시에 달리기 시작했다. 밤에 달리니 더욱더 시간에 구애받지 않고 달릴 수 있었다. 간혹 올림픽대교도 찍고 오고, 더 달리면 천호대교도 찍고 왔다. 그러면서 점차 달리는 길이가 늘어났다. 그러다 보니 하프 코스 마라톤은 기본으로 하게 되었으며, 풀 코스 마라톤까지 참가하게 되었다.

그저 달리는 게 좋아서 도전했을 뿐 기록에 연연하지는 않았다. 나는 대회에선 보통 4시간 15분 페이스메이커를 따라간다. 첫 20킬로미터보다 후반 20킬로미터를 달리는 속도가 조금 더 빨라서 기록은 대개 4시간 10분 안쪽 이다. 그동안 풀코스를 7회 완주했는데 그 기록이 크게 단축되지 않았으며 단축하려고 애를 쓰지도 않았다. 아무 생각 없이, 또 아주 큰 고통 없이 내가 달리는 그 페이스가 좋았기에 늘 비슷한 속도로 달렸다. 사실 무리해서 기록을 낸다고 해서 달라지는 것도 없잖은가.

날씨가 좋은 가을밤에 달리다 보면 실크 천이 휘리릭 몸을 휘감고 지나가는 듯한 느낌을 받기도 한다. 또 소낙비를 맞으면서 달리는 한여름 달리기는 시원한 맛이 일품이다. 영화 〈말아톤〉의 마지막 장면에선 주인공이 비를 맞으면서 마라톤 마지막 코스를 달린다. 그때의 느낌이 어떤지 이미 알고 있는 나는 그 영화를 볼 때마다 그 짜릿한 기분에 공감한다.

마라톤을 하다 보면 손과 발이 기계적으로 움직이는 경험을 하게 되는데 그것도 좋다. '아, 내 몸이 정말 기계인가?'라는 생각이 들 정도다. 그렇게 달리다 보면 '존재의 이유'에 대해서도 생각하게 된다. 아무 생각이 들지 않는 그 순간에 자동적으로 움직이는 그 몸동작을 통해 내 존재를 확인하는 느낌이다. 내 존재란 몸이 움직이는 대로 가는 게 아닐까.

몸을 움직이면 성격이 달라지고, 성격이 달라지면 인생도 달라질 수 있다. 무엇보다 나 자신의 존재감을 있는 그대로 느끼며 충만함에 빠져든다. 망설이지 말고 한번 달려보자. 이전엔 경험하지 못한 새로운 세상을 만나게 될 테니.

등산만은 절대로 안 한다던 나는
어떻게 등산 팬이 되었나?

"등산만은 절대 안 할 거예요."라고 말했던 적이 있다.

30대 후반 마라톤을 시작하고 2년 정도 됐을 때였다. 아침저녁으로 열심히 달렸는데, 한창 달릴 때는 한강변을 매일 20킬로미터 이상 달렸다. 정말 열심이었다. 마라톤 경기에도 여러 번 참여했다. 그런데 2년 정도 마라톤을 하고 나니 슬슬 무릎에 무리가 가는 게 느껴졌다. 달리는 것은 좋지만 무릎을 생각해 장거리 달리기는 그만두기로 했다. 대신 10킬로미터 거리의 조깅은 계속하고 있다.

마라톤을 하던 30대 시절 회사 직속 상사였던 50대 부사장께서 하루는 내게 이런 말을 했다. "로이스, 지금은 마라톤을 하지만 아마 머잖아 등산을 하게 될 거예요. 운동을 좋아하는 사람은 꼭 산을 타게 되더라고요." 그분은 "시내에서 달리는 것과 신선한 공기가 있는 산에서 걷는 것은 엄청 달라요."라는 이야기를 들려주었다. 하지만 그때 나는 등산만은 절대 안 하겠다고 대답했다. 그래, 나는 등산을 할 생각이 전혀 없었다.

등산이 어르신들을 위한 운동이라고?

당시만 해도 산에 가는 것, 즉 등산은 '어르신들의 운동'이라고 생각했기 때문이다. '산에는 나이 들어서나 가는 거지' 하는 생각이 선입견으로 자리하고 있었다. 그러다가 40세가 되어 이틀 이상 장거리를 걷는 것을 말하는 '트레킹'을 시작했다. 당시 청계산도 안 가봤던 내가 히말라야 트레킹을 하러 갔다. 좋은 공기를 마시는 것은 물론이고, 오르막과 내리막이 반복되어 운동량이 상당했다. 등산 맛이 이런 것이구나 하는 걸 알게 되었다.

그후 히말라야만 3~4번을 다녀왔다. 물론 정상이 아니라 베이스캠프base camp까지 가는 루트들이었다. 그리고 '뚜르뜨 몽블랑'으로 유명한 몽블랑산 둘레길을 10박 코스로 혼자 다녀왔다.

그렇게 다양한 산을 다니며 점점 등산의 매력에 빠져들었다. 한국에 있는 산을 가게 된 건 그렇게 등산의 매력에 푹 빠진 후였다. 지리산, 설악산을 비롯해 국내 주요 산들을 다니기 시작했다. 《實戰 명산 순례 700코스》란 책을 사서 책에 있는 모든 코스를 다녀보자란 목표로 이곳저곳을 혼자 다녔다. 그러면서 사람들에게 알려지지 않은 작은 산들도 가게 되었다. 예를 들어, 경기도 운길산은 많이 유명하지만 그 산과 연결되어 있는 직녀봉, 견우봉, 예빈산, 예봉산 등은 사람들이 잘 모른다. 나는 이렇게 안 알려진 산들을 죽 연결해서 등산하는 재미를 알게 되었다. 또 산이 아니어도 장거리를 걸을 수 있는 거제도 둘레길, 제주 올레길, 다산길, 남도 순례길을 며칠에 걸쳐서 다니기도 했다.

등산을 하며 걷다 보니 우리나라 국토의 70퍼센트가 산이라는 것을 몸으로 체감할 수 있었고, 또 그것에 감사하게 됐다. 우리나라는 어디를 가도 동네 뒷산이 있고, 1~2시간만 나가면 제법 운동량이 되는 500미터 산들이 즐비하다. 충청 이남을 넘어가거나 강원도 쪽으로 가면 좀 더 힘든 코스의 산들이 기다린다. 등산하기 좋은 천혜의 조건을 가진 것이다.

산을 다니면서 문득 "로이스, 지금은 마라톤을 하지만 아마 곧 등산을 하게 될 거예요."라던 예전 직장 상사의 말이 떠올랐다. 평지를 걷는 것도 좋고 또 평지를 달리는 것도 좋다. 하지만 산을 오르는 맛은 완전히 다르다. 일단 공기가 좋아서 상쾌하고 사람이 많지 않아 덜 복잡거린다. 물론 단풍철에 내장산이나 설악산에 가는 건 절대 추천하지 않는다. 앞사람 엉덩이만 보고 다녀야 할 정도로 붐비기 때문이다. 산을 좀 다녀본 뒤로는 유명한 산보다는 잘 알려지지 않은 산, 등산객들이 드문 산들을 주로 찾는다.

미국에 살다가 3년 전 한국을 방문했을 때 짬을 내어 계룡산과 청계산을 간 적이 있다. 그러곤 깜짝 놀랐다. 젊은 친구들이 정말 많아서였다. 데이트하는 연인들이나 정답게 손잡고 가는 젊은 부부, 혼자 온 고등학생, 서너 명이 어울려 온 젊은 직장인들 등 나이 든 사람만 있을 거라는 내 예상과는 다르게 다양한 사람이 그곳에 있었다. 이들의 옷차림은 늘 보던 '조끼 등산복'이 아니었다. 레깅스에 반스타킹을 멋지게 입은 친구, 농구복 스타일의 반바지를 입은 친구들을 보면서 등산만은 안 하겠다던 과거의 내 말이 생각났다. 예전에는 40대를 넘어 50대가 되어도 산에만 가면 막내 취급을 받았다. 60대, 70대 어르신들이 쥐어주는 사탕과 방울토마토를 얻어먹으면서 다녔다. 그런데 이제는 등산이 어르신들의 전유물이 아닌 것이다. 다양한 연령대가 즐기는 생활 운동이 되었다. 등산이 이렇게 힙한 운동 중 하나가 되다니, 이런 변화가 그저 즐거울 따름이다.

생활 등산을 위한 몇 가지 팁

직장인 생활 등산가로서 등산을 즐기는 팁 몇 가지를 공유하려한다. 한 주 내내 힘들게 일한 직장인들이 주말에 어렵게 낸 시간을 헛되이 쓰지 않도록 도와줄 기분 상쾌한 등산 팁들이다. 내가 직접 주말 등산을 하며 깨달은 내용이기도 하다.

첫째, 유명한 산보다는 좀 덜 알려진 산을 탐험해보자. 서울, 경기도권의 산부터 시작하고 조금씩 반경을 넓혀가면 좋다. 요즘은 산악회 앱들이 많아서 등산 정보도 많을 뿐더러, 등산 완주 인증까지 기록할 수 있다.

나는 광나루 쪽에서 양평대교를 넘자마자 있는 예봉산에 자주 갔다. 예봉산부터 C자 형태로 돌면 운길산까지 5시간 정도 코스가 나온다. 가장 가까우면서 운동량도 좋고 전경도 아주 좋은 코스다. 강남에서 30분이면 들머리에 도착할 수 있어서 교통체증 없이 토요일에 오전에 훌쩍 갔다 오곤 했다. 조금 더 가면 청평호 근처의 산들도 전경이 아주 좋다.

둘째, 산에 혼자 가는 것은 조금 불안하므로 나와 페이스가 맞는 친구와 함께 가면 좋다. 예전에 나는 가끔 혼자 산을 다녔었다. 다른 사람들과 함께 가기엔 내 스피드가 느려서 신경이 쓰여서 혼자 다닌 것인데 사실 나 역시 불안함이 들곤 했었다. 산에 가면 위치에 따라 휴대폰 신호가 안 잡히는 곳도 있기 때문에 혹시 모를 부상이나 비상사태에 대비해 최소 두 명 이상 함께 가는 것을 추천한다.

산에 가면 짐승보다 사람이 가장 무섭다는 생각이 든다. 새벽 일찍 산을 다녔던 나는 늘 들머리는 빠르게 올라갔다. 거의 뛰다시피 해서 올라갔는데, 이렇게 올라가면 아무도 못 따라오겠지 하는 생각으로 속도를 올리곤 했다. 그러니 불안하게 산을 오르는 것보다 일행과 같이 산을 편하게 오르는 게 좋을 것 같다. 안전이 항상 제일 중요하니까 말이다. 혼자 산행을 하는 것보다는 반드시 동행인과 함께하길 권한다.

셋째, 산악회를 이용해보자. 산악회는 종류가 많고, 산악회별로 분위기가 많이 달라서 자신에게 맞는 산악회를 잘 골라야 한다. 그중에는 산 타는 것에 진심인 산악회들이 있다. 이들은 새벽에 출발해 버스에서 조용히 자고, 내려서는 각자 산을 타고, 산에서 내려와서는 다시 버스를 타고 집으로 돌아간다. 어떤 산악회는 산을 타는 것보다는 여흥을 더 중요하게 여기기도 한다. 그러니 리뷰를 잘 보고 분위기를 파악한 후에 나와 맞는 모임에 참여해보자. 산악회 버스를 타면 산 들머리까지 내려주고, 또 출발하는 곳과 끝나는 곳이 다른 경우에는 끝나는 곳까지 이동해서 대기해주므로 아주 편리하다. 나와 비슷한 등산 취향과 등산 체력을 지닌 사람을 만날 수 있는 것도 산악회의 장점이다. 산을 같이 오르면서 같이 편하게 다닐 수 있는 '증명된' 등산 친구를 만날 수 있다. 마지막으로, 산악회를 이용하면 힘든 등산을 끝낸 후 자차를 운전할 필요가 없이 편안한 버스에서 노곤한 몸을 쉬면서 집으로 올 수 있어서 좋다. 주말에는 버스전용차선으로 올라오니 집으로 빠르게 돌아갈 수도 있다. 마지막으로 가격 또한 저렴하다.

한국은 정말 '등산 천국'이다!

우리나라에서 등산은 정말 손쉽게, 또 접근성 있게 할 수 있는 운동이다. 한국에 살 때는 몰랐는데, 미국에 와서 살아보니 제대로 된 산을 가려면 차를 타고 3~4시간을 가야 한다. 미국 중서부지역에 살았을 때는 가도 가도 평지여서 산이란 곳을 가려면 자동차로 2박 3일은 나가야 만날 수 있었다. 그러니 30분만 나가도 산을 만날 수 있는 우리나라는 그야말로 등산 천국이다.

산은 이미 즐비하니 발이 편한 등산화만 있으면 시작할 수 있다. 다만 무릎에 무리가 가지 않도록 하려면 스틱을 추천한다. 장기 산행이나 백패킹을 한다면 다른 장비가 필요하겠지만 일단 당일 코스 하이킹부터 한다면 큰 준비물은 필요 없다. 다만 여름에는 충분한 물을 챙기는 것, 겨울이라면 눈 쌓인 곳이 있을 수 있으니 아이젠을 챙기는 것이 중요하다. 그리고 쉬운 동네 뒷산부터 시작하면서 등산을 즐기는 게 중요하다. 첫 시작부터 유명한 산을 가서 힘든 경험만 갖고 온다면 등산에 정이 떨어질 수 있다. 내가 등산을 갓 시작했을 때는 강북에서는 인왕산과 아차산, 강남에서는 청계산과 우면산을 주로 다녔다. 그러다가 등산이 좀 익숙해지면서는 북한산, 관악산, 수락산 등으로 반경을 넓혀갔다. 동네 뒷산도 좋다. 서울에 거주한다면 인왕산, 청계산, 아차산부터 시작해보자.

참, 등산의 가장 큰 즐거움은 내려오면서 먹는 음식이다. 도토리묵, 파전, 시원한 맥주나 막걸리 한잔. 그 맛에 등산을 간다고 해도 과언이 아니다. 이 즐거움도 놓치지 마시길. 같이 산행을 마친 일행과 안전 산행을 축하하는 자리이기도 하고 또 산위에서 간식으로 대충 때운 끼니를 채울 수 있어 음식맛이 꿀맛이다. 물론 힘들게 등산으로 소비한 칼로리를 허무하게 채우지 않도록 건강한 식단으로 식사를 하려고 한다.

아이 낳고 한 달 만에
에어로빅하러 간 엄마

만삭의 몸으로 밭일을 하다가 집에 와서 애를 낳고 다시 밭을 갈러 나갔다는 할머니들의 얘기는 아마 다들 들어봤을 터다. 산후조리 기간을 제대로 갖지 못한 채 생업 전선에 뛰어들어야 했던 가난한 시절의 삶이 느껴지는 이야기다. 보통 서너 명의 자녀를 줄줄이 둔 우리 엄마 세대에도 출산 이후 오래 쉬지 못했다고 들었다. 나랑 비슷한 40~50대 세대들도 두 달간의 법정 출산휴가를 간 것이 대부분이다. 출산휴가가 60일이었기 때문에 아이를 낳은 후 하루라도 더 쉬고자 출산 전날까지 회사를 다닌 이들이 많다. 지금과 같이 6개월 혹은 1년 출산휴가 및 육아휴가가 자리 잡기 훨씬 이전이다.

출산 직후 과격한 운동은 독이 될 수도 있다

나는 예정일보다 보름 일찍 아이를 낳았는데 예상치 못한 이른 일정이어서 출산 전날에는 진통 간격을 재가면서 밤 10시까지 회사에서 야근을 했다. 서른 살을 바로 앞두고 아이를 낳았던 나는 출산 두 달 후 다시 직장으로 돌아가야 한다는 것이 부담이었다.

　나는 시댁에서 산후조리를 했다. 24시간 아이와 나를 돌봐주시는 시부모님 덕택에 늘 먹고 자기만 했던 나는 다시 풀타임 직장 생활을 버틸 수 있을지 걱정되기 시작했다. 두 달을 이렇게 누워만 있다가는 이 체력으로 2시간 동안 서서 가는 콩나물 지하철의 출퇴근길이 가능할까 싶었다. 그런 기진맥진한 상태로 사무실에 가서 8시간 넘게 일하는 것도 불가능해 보였다. 당시에도 느꼈지만 사무직이라고 하더라도 육체가 버텨주지 못하면 일을 제대로 할 수가 없다. 이런 생각에 산후조리를 하면서도 늘 불안했다. 당시에도 느꼈지만 지식노동도 실은 모두 육체노동이다. 체력이 뒷받침되지 않으면 일을 제대로 할 수 없다고 생각했다.

아이를 낳고 나는 모유 수유를 했다. 그런데 어차피 두 달 후 직장으로 돌아가니 모유 수유를 계속 하기에는 여러모로 어려움이 있었다. 또 당시는 모유 수유를 그리 강조하던 분위기도 아니었다. 그래서 회사 생활을 다시 시작하면 모유를 끊고 분유를 먹여야겠다고 생각했다. 분유를 먹일 거라면 적응 기간이 필요할 거라는 판단하에 한 달만 모유를 먹이고 두 달째부터는 분유를 먹이기 시작했다.

출산 딱 4주 후 모유 수유를 끊고 체력을 다지기 위해 예전부터 다니던 헬스클럽에 갔다. 매일 누워만 있으니 몸도 근질근질했다. 무엇보다 몸무게가 걱정이었다. 아이를 낳으면 불어났던 만삭 때의 몸이 자동적으로 예전 몸으로 돌아갈 줄 알았다. 그런데 웬걸, 아이 무게인 3.5킬로그램 정도만 빠져나가고 몸무게는 만삭 때와 비슷했다. 몸무게뿐 아니라 부피감도 비슷했고, 갑자기 푹 꺼진 뱃살은 출렁이고 있었다. 한 달 후면 직장으로 돌아가야 하는데 맞는 옷도 없었고, 예전 몸으로 돌아가지 않는 것에 적잖이 당황했다. 출산만 생각하던 내게 이건 전혀 생각지도 못했던 가장 충격적인 일이었다!

체력이 걱정되기도 하고, 이런 몸 상태로 출근을 한다는 것이 싫기도 해서 조급증이 생기기 시작했다. 그래서 나는 다니던 헬스클럽의 에어로빅 클래스에 등록했다. 에어로빅은 빨리 땀을 배출할 수 있는 데다 음악과 함께 스트레스를 날려버리기에 딱 좋았다. 그렇게 60일의 출산 휴가를 마치고 다시 출근하기 시작했다. 다행히 직장에 복귀하면서 아이를 주말에만 봤던 터라 주중에는 운동할 시간을 낼 수 있었다. 만 4세 전까지는 아이들이 기억을 잘 하지 못한다는 말을 위안삼아, 첫 4년 동안은 아이를 도맡아 키우지 않고 주변 시스템을 적극 활용하자는 생각이었다.

다행히도 첫 2년은 시부모님, 그다음 2년은 친정엄마가 아이를 맡아 키워주셨다. 아이를 맡아주시는 양가 부모님 덕분에 대학원도 다닐 수 있었고 운동할 시간도 낼 수 있었다. 주중에는 열량을 최단 시간, 최대로 소비할 수 있는 에어로빅을 열심히 했다. 시간이 좀 지난 후에는 집 주변에 있는 한강변 조깅을 시작했다.

출산 후 3개월 정도 지났을 무렵 한약을 짓기 위해 한의원을 찾았다. 한약 같은 건 필요 없었지만 출산 후엔 좀 '잘' 먹어줘야 한다는 주변 얘기를 들어서였다. 한의사와 상담하며 이런저런 얘기를 하다가 아이를 낳고 한 달 만에 에어로빅을 시작했다는 말을 했다. 그 말에 기겁하던 의사는 당장 그만두라며 혼을 냈다. 출산은 몸에 큰 변화를 주기 때문에 몸속 장기들이 제자리를 찾을 시간이 필요하고, 영양분이 빠져나간 뼈도 다시 튼튼해지는 데 시간이 필요하다는 것이다. 그런 몸으로 에어로빅처럼 강도 높은 운동을 하면 몸에 무리가 간다며 극구 말렸다.

의사 말에 겁을 먹고 그 후 3~4개월은 걷는 것으로 운동을 대신했다. 운동도 자기 몸 상태에 맞춰서 해야 하는데 출산 전의 체력과 몸매로 빨리 돌아가야겠다는 조급한 마음에 너무 막무가내로 했다는 생각이 들어 이후로는 신중해지기로 했다. 다행히도 건강에 큰 문제는 없었지만 말이다.

조급해하지 않고 천천히 내 페이스대로

나와 남편은 함께 유학을 갔다가 둘 다 석사를 마치고 한국으로 돌아왔다. 그때 나이가 스물아홉 살이었다. 우리는 결혼 생활 5년 차에 유학을 마치고 와서 아이를 가졌다.

그런데 늘 막내로 살아서인지 스물아홉 살이나 먹었지만 아이가 아이를 낳는 느낌이었다. 배부른 모양이 싫어서 임산부 옷을 막달까지 입지 않았다. 임신 기간 내내 배부른 몸으로 업무 후에는 대중교통을 타고 야간 대학원을 다니고 또 매일 걷기 운동을 했다. 늘 임신한 몸이 부담스러웠다. 또한 당시에는 워킹맘의 롤모델이 많지 않았던 때라 아이를 낳은 후 어떤 모습(육체적으로도 심적으로도)으로 직장 생활을 계속해야 할지 자신이 없었다. 자녀 양육과 직장 생활을 병행하는 게 가능할지, 특히 일을 계속 잘할 수 있을지 무척 걱정되었다.

이런 상황이 조급증을 더했다. 하지만 모든 일은 순리대로 따라야 할 필요도 있다. 당시 나는 조급증과 불안함에 동동거렸지만 그렇다고 현실이 달라지지는 않았다. 그저 심리적인 불안감만 높아질 뿐이었다. 차라리 몸을 회복하고 정신적 안정을 취하는 데 좀 더 집중하는 게 나았을 것이다. 출산 후 몸이 제자리를 찾아갈 때까지 기다려줄 필요가 있듯이 말이다.

지금은 출산휴가를 짧게는 6개월, 길게는 1년 정도 갖기 때문에 나처럼 출산 후 체력 관리를 조바심 내면서 할 이유가 없을 것이다. 만약 모유 수유를 하게 된다면 충분한 영양 섭취도 필요하다. 그래도 규칙적으로 몸을 움직이는 건 출산 후 직장 복귀를 도와준다. 너무 덥거나 추운 날은 피해야겠지만 걷는 것과 같이 천천히 몸을 움직이는 일부터 시작해보자.

직장 여성들이 많이 겪는 출산 후 우울증도 몸을 움직이면서 극복할 수 있다. 출산 후 잠도 제대로 못 자고, 내가 100퍼센트 컨트롤할 수 없는 밤낮이 바뀐 신생아를 키우다 보면 심신이 고달프다. 그뿐인가. 호르몬 변화로 감정 기복도 심해지고 내 몸이 예전과 다르다는 것에 걱정이 되고 하루라도 빨리 출산 전 몸으로 돌아가고 싶은 욕심이 생긴다. 또한 회사 일을 하지 않으니 지식 노동과 멀어지고 집안일만 하다 도태될까 봐 불안감도 찾아온다. 이럴 때는 밖에 나가서 걷는 것이 도움이 된다. 너무 멀리, 오래 걷는 것은 피하고 몸 상태에 맞게 오전, 오후 잠깐씩 햇볕을 받으면서 걸으면 좋다. 건강을 연구하는 학자와 의사들이 얘기하듯이 몸을 움직이면 엔도르핀, 세로토닌이 나와 마음이 가벼워지고 에너지도 생길 것이다.

몸매
vs. 체력

"엄마, 치마 안 입으면 안 돼?"

옷 가게 피팅룸 거울 앞에 서 있는 나에게 아이가 내뱉은 말이다. 아이가 초등학교 2학년 때쯤으로 기억한다. 옷을 사달라고 해서 백화점에 같이 갔었는데 간 김에 마침 할인 행사하는 원피스가 있어서 나도 입어보기로 했다. 네이비 컬러의 캐주얼 원피스다. 치마 길이가 너무 길거나 짧지 않고 딱 무릎 선에 맞아 날씬해 보였다. 내 마음에 쏙 들었다. 옷 가게들 거울은 세로로 좀 늘려놨는지 작은 키가 유난히 커 보이고 몸도 날씬해 보인다. 화려한 조명 몫도 있으리라. 나는 요리조리 몸의 방향을 틀어가며 거울 속의 내 모습을 만족스레 보고 있었다.

엄마, 그 치마 입지 마세요

그런데 아이의 한마디에 좋았던 내 기분이 와-장-창 깨졌다. 사실 맨 처음엔 무슨 말인지 몰랐다. 아이에게 "뭐라고?" 하며 다시 물어봤다. 아이는 "엄마 다리가 너무 굵어서 좀 가리는 게 좋겠어."라며 또박또박 말한다. 으악…. 아이는 나를 위해 해준 말이었을 텐데, 20년 가까이 지난 지금도 이 말이 무척 쓰리다(정작 최근에 이 내용을 물어보니 본인은 기억을 못한다)!

맞다. 난 다리가 굵다. 그것도 아.주. 굵다. 특히 종아리와 허벅지 굵기가 대단하다. 다리가 굵었던 아버지 체형을 닮아서이기도 하거니와, 어려서 다리 근육을 많이 쓴 일이 있었다. 작은 언니가 발레를 잘한다는 이유로 초등학교 체육 선생님의 반 강제에 의해 동생인 나까지 차출된 것이다. 그래서 초등학교 내내 발레를 했다. 늘 까치발로 서야 하는 발레를 하면서 종아리 근육은 더욱 발달되었고, 그 때문인지 발레를 그만두고 난 후에도 내 다리는 아주 튼실했다. 언니와는 달리 무용 감각도 없었던 나에게 발레를 시킨 것을 자라는 내내 원망했다.

문제는 몸 전체가 '균형 있게' 튼실한 것이 아니라는 점이었다. 사실 고등학교 때까지는 몸매에 대해 별달리 생각해보지 않았다. 그런데 대학생이 되면서 조금씩 몸매를 생각하게 됐고, 회사에 들어가면서는 더 심해졌다. 정장을 사러 가면 상의는 44 사이즈도 큰데 하의는 허벅지와 종아리 때문에 77 사이즈도 타이트했다. 허벅지에 맞는 바지를 사면 허리가 너무 크고, 허리에 맞는 바지를 사면 아예 들어가지도 않았다. 그래서 치마를 입을 수도 없고 바지를 입을 수도 없는 '저주받은' 몸매에 대한 불만이 이만저만이 아니었다.

대학교 다니던 시절 같은 과에 아주 날씬한 친구가 있었다. 유독 다리가 가느다란 친구였는데 늘 검은 스타킹에 미니스커트를 입고 다녔다. 어느 날, 부러운 마음에 그 친구에게 말했다. "너는 다리가 가늘어서 좋겠다." 그랬더니 눈을 휘둥그레 뜨면서 "무슨 말을 그렇게 하니? 난 다리가 너무 가늘어서 콤플렉스인데."라는 게 아닌가. 말문이 막힌 건 나였다. '이런, 그럼 내 다리 살 좀 갖고 가렴…'

작은 키에 볼륨감 없는 상체, 그리고 불균형적으로 튼튼한 다리. 이런 내 몸에 자신감이 없었기 때문인지 내 책꽂이에는 버려지지 않은 채 오래도록 꽂혀 있는 책이 있다. 언제나 존재감을 드러내며 가끔씩 내 뒤통수를 잡아당기는 책은 바로 《하반신 다이어트》다.

사실 나는 하체 비만 때문에 안 해본 다이어트가 없었다. 그런데 운동을 하면서 몸매에 대한 생각이 조금씩 달라지기 시작했다. 물론 몸매에 대한 콤플렉스에서 완전히 해방된 건 아니다. 다만 예전처럼 단점만 보면서 스스로를 힘들게 하는 데서는 벗어났다.

콤플렉스였던 다리가 고마워지기 시작했다

운동을 하면서 새삼 튼튼한 내 다리가 너무 고마워지기 시작했다. 30대부터 지속한 달리기로 지금도 10킬로미터 정도는 가볍게 뛸 수 있는 다리. 2킬로미터 풀코스 마라톤과 하프코스를 수십 번 달렸던 다리. 인라인스케이트와 스노보드를 쉼 없이 탈 수 있었던 다리. 9시간 내내 서서 일하고도 산책을 나가고 싶어 하는 다리. 주말이면 등산을 가고 싶어 하는 다리. 팽팽한 종아리 근육 긴장감이 필요한 검도 운동을 17년째 계속하고 있는 다리. 나는 이 다리가 늘 감사하다.

검도하는 이들 대부분이 시작한 지 3개월쯤 첫 위기를 맞는다. 지루함 때문이다. 매일 도장에 와서 죽도를 갖고 같은 동작을 3개월 내내 계속해야 하니 그것을 넘기기가 어렵다. 머릿속에는 긴 진검(칼)으로 볏짚을 벤다거나 화려한 보호 장비(일명 호구)를 입고 대련할 것에 대한 기대감이 가득한데, 막 검도에 입문한 사람들에게 그건 너무나 먼 얘기임을 실감하게 된다. 그리고 몸이 자기가 원하는 대로 움직이지 않는다는 것을 깨달았을 때 또 한 번 운동 중단의 위기를 맞는다. 나는 이렇게 치고 있는데, 그게 아니란다. 그래서 조금 다르게 해봐도 그게 아니란다. 그러면 어떻게 해야 할지 정말 난감한 상황에 빠진다. 아무리 하라는 대로 따라 해도(혹은 하는 것처럼 보여도) 맘처럼 몸이 움직이지 않고 원하는 자세가 나오지 않는다. 맘 따로 몸 따로, 그야말로 맘은 박남정 몸은 조영남이다(네, 저, 옛날 세대입니다!).

그렇게 검도 3개월 차에 다들 위기가 오는데, 나에게도 여지없이 3개월 차에 위기가 왔다. 나는 지루함이 문제가 아니었다. 검도를 할 때 밀어 걷기 스텝을 하는데, 종아리 근육을 아주 많이 쓰는 동작이다. 이 동작을 하면서 다리, 특히 종아리가 더 굵어지는 느낌이 들었다. 매일매일 걱정이 되었다. 아니, 지금도 내 종아리는 충분히 튼실한데, 여기서 더 튼실해지면 어쩌자는 거야…. 이런 고민 때문에 검도를 그만두어야 한다는 결론에 다다랐고 관장님께 조심스레 얘기를 꺼냈다.

"관장님, 검도를 하고 나서 종아리가 더 두꺼워지는 것 같아요. 그래서 그만둘까 생각 중입니다."

"로이스 님, 로이스 님은 다리가 이미 튼실해서 검도를 한다고 더 두꺼워지거나 하진 않을 거예요."

이상했다. 그 말에 충격을 먹기보단 오히려 마음이 놓였다. 제대로 팩트 확인을 받고 나니 오히려 초연해졌다고나 할까.

'그래, 더 두꺼워지지도 않을 만큼 내 다리가 이미 충분히 두껍다는 거지. 그럼 그냥 계속해볼까.'

솔직히 약간은 씁쓸한 마음이 있었지만 검도 운동을 계속하기로 했다. 그렇게 17년간 검도를 해온 결과는 어떨까? 내 우려와 달리 검도 때문에 다리가 더 두꺼워지지는 않았다. 대신 수영을 본격적으로 하면서 상체 근육이 어느 정도 발달했고, 그 덕분에 전에 비해 몸도 조금은 더 균형 있게 변해갔다. 또한 최근 근력운동도 시작하면서 상체와 하체 중 필요한 부분에 운동량을 집중할 수 있어 좀더 균형을 잡아가고 있다.

튼튼하고 건강한 다리여도 미니스커트를 입을 수 있다

미국에 살면서 다양한 몸매를 가진 사람들을 보니, 내가 생각했던 천편일률적인 미의 기준에 대해서도 생각이 많이 바뀌었다. 예를 들어 44 혹은 55 사이즈의 슬림한 몸에 큰 키를 가져야 한다는 고정된 생각 말이다. 회사나 길거리를 다니다 보면 다양한 체격, 다양한 몸매의 사람들을 만난다. 그중에는 본인이 원하는 패션을 자기 스타일대로 멋있게 소화하는 이들이 있다. 그런 이

들을 보면 다리가 두껍다고 미니스커트를 못 입을 건 없다는 생각이 든다.

백화점에 가도 마네킹의 몸매가 다양하다. 우리나라 백화점에는 날씬한 마네킹만 있는데, 미국은 빅 사이즈 마네킹, 중년 여성의 마네킹, 임산부 마네킹 등이 다양하게 전시되어 있다. 미의 기준을 하나로 고정하지 않는 것이다.

나는 사람을 겉모습으로 판단하지 않으려 하고 그런 태도에 진저리를 친다. 하지만 건강 유지와 더불어 몸매를 전혀 생각하지 않는다면 그건 거짓말이다. 지금도 멋지게 미니스커트를 입고 싶으니 말이다. 다만 지금은 튼튼하고 건강한 다리로 미니스커트를 입은 모습이 아름답게 보인다. 날씬한 다리를 가진 사람만 미니스커트를 입을 수 있다는 편견에서 벗어났기 때문이다.

요즘은 정말로 나의 이 튼튼한 허벅지와 굵은 종아리가 감사하다. 날씬한 연예인들의 몸매 기준에 자신을 맞출 필요가 없다. 우리가 지닌 장점도 단점도 다 우리의 것이다. 그걸 사랑하고 장점으로 승화한다면 우리는 모두 아름다운 몸매를 소유한 사람이다. 내 몸을 내가 먼저 사랑하는 것이 그 시작이다.

집 안에 갇혀서도
우울증을 극복하게 도와준 운동

　　내 일생에 정신적으로 가장 큰 고비는 운동을 할 수 없었던 2020년 펜데믹 초기, 그리고 그해 봄 캘리포니아에 큰 산불이 났을 때다. 집 밖으로 한 발자국도 나가지 못하는 것이 얼마나 사람을 무기력하고 우울하게 만들던지. 그때까지 나 자신을 잘 컨트롤한다고 자부해왔는데 흔들리는 자신을 느끼며 더럭 겁이 났다. 지금부터 내 인생에 찾아왔던 가장 큰 고비를 내가 어떻게 넘길 수 있었는지 그 이야기를 들려주려고 한다.

운동 마니아, 집 안에 갇히고 말다

2019년 말 우연히 타이완 친구에게서 이상한 전염병에 대한 이야기를 들었다. 나보고 마스크를 넉넉히 준비하라고 했다. 그때만 해도 친구가 오버하는 거라 여겼다. 그러고 나서 얼마 안 돼 한국에서도 독감처럼 빠르게 전이되는 병균 질환이 생겼다는 이야기가 돌았다. 마스크를 써야 한다, 손을 씻어야 한다, 외출을 삼가야 한다는 등의 이야기가 들려오며 불안한 기운이 감돌았다. 한국에 있는 가족들이 마스크가 동났다고 해서 미국에서 마스크를 사서 보내주려고 알아보기도 했다.

그런데 웬걸, 2020년 새해가 되기 무섭게 COVID-19(코로나)로 이름 붙여진 전염병이 미국에도 빠르게 확산되고 있었다. 2월 말 회사가 전면 셧다운되었다. 구글에서는 미국 전 직원들에게 이메일을 보내 당장 내일부터 회사에 나오지 말라고 했다. 회사 사무실 출근이 금지되었고, 언제 다시 사무실 출근이 가능하게 될지 아무도 알지 못했다.

회사에서 재택근무에 필요한 것들을 모두 배송해주었는데, 그제야 비로소 사태의 심각성을 깨달았다. 얼마 안 있어 내가 거주하는 캘리포니아주와 산타클라라 카운티 레벨에서는 모든 외출을 금하고 집에 있으라는 공지가 나왔다. 세부 행동 수칙이 발표되고 자택거주령이 내려졌다. 무조건 집에 머물러야 했다.

당시 코로나 핫스팟이었던 뉴욕시에서는 하루에도 몇백 명씩 환자가 죽어 나가던 때였다.

엎친 데 덮친 격으로 그해 4월 캘리포니아에서 산불이 나기 시작했다. 10년 이상 지속된 가뭄으로 말라비틀어진 나무에 고압 전기선이 닿으며 스파크가 일었고, 스무 곳 이상에서 한꺼번에 불이 붙기 시작한 것이다. 캘리포니아 지역은 갑자기 지구 종말이 온 것처럼 온통 주황색으로 바뀌었고, 화산이 터진 것처럼 재가 가득 날아들어 2~3미터 앞도 제대로 보이지 않았다. 그해 8천 건의 발화로 남한의 16퍼센트가 넘는 면적을 태웠다. 공기가 너무 탁해서 집 밖으로 한 발자국도 나갈 수 없는 상황이었다. 주에서도 외출을 삼가라는 주의령이 내려왔다. 그렇게 한 달 내내 집 안에만 있어야 했다.

매일 2시간 이상을 걷거나 달리면서 팟캐스트와 오디오북을 듣는 습관을 지닌 나는 한순간에 망연자실했다. 주말마다 하던 등산도 더 이상 할 수가 없었다. 집 밖으로 한 발자국도 나갈 수가 없다는 것은 야외 활동에서 에너지를 얻는 나에게는 청천벽력 같은 일이었다. 창문을 열지 못하니 갑갑하고 숨도 잘 안 쉬어지는 듯했다. 가슴은 무엇인가 짓누르는 듯이 답답했고 속은 늘 밥먹은 게 얹힌 듯했다. 머리도 안개가 낀 것처럼 명료하지 않았다. 주말 내내 현관문 밖으로 한 발자국도 안 나갔다는 친구들의 말을 들을 때면 그게 가능한가 싶었는데, 그 일이 내게 일어난 것이다. 선택이 아니라 어쩔 수 없이 집 안에 갇혀버렸다.

집 안에서 할 수 있는 운동도 충분히 많다

집 안에만 있으니 활동량은 줄어 들었는데 먹는 양은 줄지 않았다. 비슷하게 먹고 운동량이 제로면 답은 하나다. 살이 찐다. 허리 뒤쪽으로 살이 잡히고 책상 앞에 앉으면 배가 접혔다. 몸무게는 금세 앞자리가 달라졌다. 겁이 덜컥 났다. 마냥 이렇게 있을 수만은 없는 노릇이었다. 자기 관리를 잘하기로 자칭, 타칭 공인된 내가 이 지경이면 다른 사람들은 이 기간을 더 힘겹게 보내고 있을 것 같다는 생각을 했다. 화상통화로 만나는 동료들도 하루가 다르게 몸이 불어 가거나 활력이 뚝뚝 떨어졌다. 우울증으로 병가를 내는 동료들도 많아졌다. '그래, 이렇게 어쩔 수 없는 상황으로 힘들 때도 다르게 생활할 수 있다는 것도 보여주자.'

나는 홈트를 시작했다. 그것도 몸치인 내가 그냥 운동도 아닌 K-팝댄스를 시작한 것이다. 팬데믹 전에는 회사 근처 체육시설에서 K-팝 댄스 강좌가 열렸는데, 팬데믹이 시작되고 이 클래스의 온라인 강좌가 개설되었다. 오히려 좋았다. 강사의 몸동작 하나하나를 카메라 가까이에서 볼 수 있었고, 몸이 생각대로 움직이지 않는 내 모습을 신경 쓰지 않으면서 맘대로 휘적이며 따라 할 수 있어 마음이 편했다.

뭐 하나를 시작하면 제대로 열심히 하는 성격이라 유튜브로 K-팝 댄스 영상을 틀어놓고 매일같이 땀 흘리며 열심히 연습했다. 혹시 아파트 아래층에 층간 소음이 날까 봐 두꺼운 덧버선을 신고 춤을 췄는데, 한 달이 안 가 덧버선 바닥에 '빵구'가 났다. 혼자 하든 화상으로 따라 하든 1시간 동안 열심히 몸을 움직이면 땀으로 흠뻑 젖는다. 그리고 몸도 개운해진다. 밖에 나가지 않고도 집 안에서 얼마든지 운동할 수 있다는 걸 알게 된 기회였다. 이때부터 생긴 습관이 하나 있다. 아침에 일어나면 맨손 체조를 하며 스트레칭을 하는 것이다.

초등학교 다닐 때 국민체조를 해본 사람들은 기억할 것이다 (아마도 40-50대 이상일 듯). 별것 아닌 듯 보이지만 15분 정도 머리, 다리, 팔, 가슴 등의 스트레칭을 해주는 이 간단한 체조를 하는 것과 안 하는 것은 정말 다르다. 지방을 태우고 근육을 단련하는 운동이면 좋겠지만 그렇지 않아도 괜찮다. 간단한 체조일지언정 몸을 움직이는 것은 우리의 머리를 쉬게 하고 기분을 좋게 해주며 에너지를 얻도록 해준다. 땀이 안 나더라도 몸을 위해 자기 일상의 몇 분을 쓰는 것은 정말 중요하다.

몸을 움직이면 마음과 정신에도 변화가 온다

뇌 신경을 연구한 웬디 스즈키Wendy Suzuki 박사의 TED 강연 발표에 따르면 '몸을 움직이면 즉각적인 효과와 장기적인 효과를 둘다 경험한다'고 한다. 즉각적인 효과로는 기분이 좋아지고 에너지가 올라오며 집중력이 2시간가량 지속된다. 장기적인 효과로는 기억력이 좋아져서 치매와 알츠하이머 질환을 늦출 수 있다고 한다. 발표자인 스즈키 박사는 신경과 의사였는데 이 연구 내용을 발견하면서 환자들의 운동 코치도 겸하게 되었단다.

지금도 BTS의 〈쩔어〉처럼 팬데믹 기간에 K-팝 댄스를 연습하며 들었던 노래들이 나오면 스텝이 움직이고 팔이 리듬을 탄다. 유튜브 채널 중 써니Sunny Funny Fitness 채널은 나의 단골 채널이 되었다. 어찌 보면 팬데믹 기간 덕분에 K-팝을 들으며 새로운 취미를 찾게 된 것이다.

코로나 백신 도입으로 팬데믹 위기가 서서히 잦아들면서 바깥 생활이 가능해졌다. 바로 조깅을 다시 시작했다. 아침에 동네를 한 바퀴를 달리는 코스다. 정확하게 말하면 우리 동네인 마운틴뷰에서 옆 동네인 로스알토스 시내까지 갔다 온다. 그 거리는 10킬로미터로 딱 1시간 정도 걸린다.

오디오북을 들으며 달리는 발걸음은 어떤 날은 무겁고 어떤 날은 가볍다. 일어나기 싫은 날도 있었지만 대부분은 졸린 눈을

비비고 나와서 달렸다. 같은 시간 같은 곳을 매일 달리게 되면 늘 마주치는 동네 러너들이 있다. 이들을 만나는 것도 즐겁다. 간단하게 눈인사를 나누거나 손을 흔들며 인사를 한다. 날씨가 유독 궂은날이나 비 오는 날에는 '이런 날씨에도 운동하러 왔네, 나도 왔어'라며 서로에게 존경을 표하는 눈빛도 주고받는다.

지금 돌이켜 생각해보면, 팬데믹과 산불이 겹쳐서 집 밖으로 전혀 나가지 못했던 그 한 달만큼 정신적으로 다운되고 앞으로의 나 자신이 걱정된 적은 없었다. 몸을 움직일 수 없다는 건 우리 정신 건강에 바로 영향을 미친다. 2023년 초 미국 IT기업들의 대량 감원 바람 속에 갑작스레 정리해고가 되었던 내가 바로 한 일도 매일 햇볕을 받으면서 걷는 일이었다. 당시 같이 정리해고를 당한 동료들과 매주 만나서 햇빛을 받으며 걷고 땀을 내었다. 몸을 움직이면 마음도 움직인다. 몸에서 열이 나면 마음도 뜨거워진다. 없던 자신감이 생기고 집중력도 높아지고 긍정적인 에너지가 생긴다.

팬데믹과 캘리포니아 산불 기간으로 몸을 움직이는 것이 우리 마음가짐과 정신 건강에 얼마나 중요한지 깨달았기 때문에, 구글에서 정리해고가 되었을 때 몸을 움직여 그 변화의 충격과 힘겨움을 이겨낼 수 있었다. 마음이 힘들 때, 일이 생각처럼 풀리지 않을 때, 고민으로 머릿속이 와글거릴 때면 다 내려놓고 야외에서 걷는 것을 추천한다. 몸을 움직여 잠깐 걷는 것만으로도 힘겨움과 고민의 상당 부분을 덜어낼 수 있다.

해본 사람만이 아는
운동의 감촉

운동을 하다 보면 계절이나 날씨, 온도, 습도 등에 따라 매번 다른 느낌을 받는다. 오감이 열리면서 평소와는 다른 감촉들을 더 섬세하게 느끼게 된다고나 할까. 나는 운동할 때 온몸으로 느끼는 다양한 감촉을 무척 좋아하는데, 특히 나를 행복하게 했던 감촉들이 있다.

운동에 무슨 감촉이냐고? 운동의 감촉을 떠올리면 땀에 젖은 축축한 운동복 같은 것을 떠올리며 찝찝함부터 느끼는 사람들도 있을 것이다(물론 땀을 푹 흘린 후의 개운함을 아는 사람들에겐 그 감촉마저 상쾌할 수 있다!). 그래서 지금부터 내가 좋아하는 운동의 멋진 감촉들에 관해 이야기해보고자 한다.

온몸을 휘감는 부드러운 실크의 느낌

예전에 집 근처 한강변을 아침저녁으로 달린 적이 있다. 한참 마라톤을 나가던 때인지라 아침저녁으로 10~20킬로미터 이상을 달리며 거리 늘리는 연습을 했다. 나는 헬스클럽의 러닝머신(트레이드밀) 위에서 달리는 걸 싫어해 항상 야외에서 달렸다. 땀이 줄줄 흐르는 한여름에도 달렸고 비가 와도 달리러 나갔다. 야외에서 달릴 때는 그날의 날씨, 습도, 온도, 바람 세기 등에 따라 달리는 느낌이 무척 다르다. 매일 다른 그 느낌이 좋아서 아침저녁으로 달리는 일이 무척 행복했다.

어떤 날은 들이마시는 숨이 사우나 온도와 습도를 방불케 해서 달리기도 전에 온몸이 이미 끈끈해진다. 또 어떤 날은 집에서 운동화 끈을 매고 나가는 순간부터 운동화 신은 발이 저절로 통통 튀기도 한다. 그렇게 매일매일 다른 느낌 속에서 달리다 보면 '내가 이런 맛에 달리는 거지'라는 순간이 온다.

겨울이 끝나가고 봄이 시작되는 길목, 여름이 지나가고 가을이 시작되는 계절에 특히 달리는 맛이 남다르다. 아이 숙제를 봐주고 집안일을 대충 마무리하고선 아이리버 MP3를 챙긴다

(당시는 MP3를 팔뚝에 차고 달리던 시절이었다!). 밤 10시가 넘으면 운동화를 신고 한강변으로 나간다. 공기는 알맞게 차갑다. 한강변을 달리는데 바람이 살살 불기 시작한다. 온몸으로 바람을 가르며 달리는 기분이란…. 바람이 다리 사이로 슈우욱 지나간다. 마치 실크가 다리를 스르륵 휘감고 돌아나가는 감촉이다.

이런 감촉을 어디서 느낄 수 있을까. "내가 이 맛에 달리지."라는 말이 절로 나왔다. 그렇게 보드랍고 매끄러운 실크를 온몸에 휘감으면서 1시간을 달리다 보면 억만금을 준다고 이런 상쾌한 기분을 살 수 있을까 싶다. 이 순간만큼은 어떤 말로도 형언할 수 없는 아주 황홀한 감정에 휩싸인다.

오일 마사지 같은 매끄러움

나는 쉰 살에 수영을 배웠다. 물공포증을 이겨내고 수영을 할 수 있게 되면서 1주일에 세 번 정도, 1시간 동안 랩수영을 했다. 그런데 '수영을 하러 가야지' 할 때는 마음의 준비가 필요했다. 달리기나 수영이나 1시간 정도 운동하는 것은 똑같은데 이상하게도 수영은 훨씬 더 번거롭게 느껴지고, 마음의 준비가 필요했다. 명확히 이유를 알긴 어렵지만 아마도 물 온도 때문이지 않았을까 싶다. 달리기는 내가 항시 느끼는 기온 속에서 달리지만,

수영은 평상시와는 다른 온도 속에 몸을 집어넣는 일이다.

한여름을 빼놓고는 일단 수영복으로 갈아입으면서 한기를 느낀다. 그리고 물속으로 들어가는 순간은 늘 긴장된다. 입수하는 첫 순간은 피부가 뼈에 착 달라붙는 것 같고 심장은 살짝 쪼그라드는 느낌이다. 입수 후 평형 왕복으로 수영을 시작한다. 그리고 자유형으로 바꾼다. 물속에서 팔과 다리를 움직이면 어느덧 마치 물결이 내 몸을 쓸고 지나가는 듯이 느껴지기 시작한다. 매끄러운 올리브유가 피부에 닿는 느낌 같기도 하다. 피부전 표면이 오일 마사지를 받는 느낌이랄까. 또 부력이 내 몸을 받쳐주는 느낌은 우주를 유영하는 것 같기도 하다.

첫 10분이 가장 좋다. 이런 촉감을 즐기게 되면서 수영하러 가는 것이 번거롭게 느껴지지 않았고, 어느새 기대까지 하게 되었다. 피부는 매끄러움을 느끼고 긴장된 근육은 릴랙스해진다. '물속 오일 마사지 받으러 가야지' 하는 생각으로 오늘도 수영 가방을 챙겨 나간다.

시각, 청각, 미각, 후각, 촉각을 '오각'이라고 한다. 그런데 일상에서 촉각을 느낄 일은 그리 많지 않다. 그리고 그 촉각을 즐길 순간도 별로 없다. 그런데 운동을 하면서 나는 이 즐거운 촉각을 자주 느낀다. 바람이 전해주는 촉각, 물살이 어루만지는 촉각 말이다. 운동의 감촉이 필요하다면 달리기와 수영을 강력하게 추천한다. 한번 경험해보면 알게 될 것이다. 그리고 이렇게 말하게 될 것이다.

"내가 이 맛에 운동하지!"

56세에 근력운동에
도전한 이유

많은 사람이 나이 드는 일을 두려워한다. 아마 각자 여러 가지 이유가 있을 것이다. 어떤 사람은 노후 준비 때문에 또 어떤 사람은 외모가 변화하는 것 때문에 두려워한다. 그렇게 아직 오지 않은 미래를 떠올리며 겁을 낸다.

그런데 내가 나이 드는 게 가장 겁나는 이유는 딱 한 가지다. 지금까지는 내가 하고 싶은 것을 할 수 있도록 체력이 뒷받침되었다. 그런데 나이 들어서도 계속 그럴 수 있을까? 내가 하고 싶은 일에 필요한 체력과 실제 체력의 갭이 점점 커져서 지금처럼 내가 하고 싶은 것을 할 수 없게 될까 봐 겁이 난다. 때론 무섭기까지 하다.

요즘에도 나는 매일 아침에 검도를 하고, 저녁엔 10킬로미터 정도를 달리고, 주말엔 백패킹이나 등산으로 20킬로미터를 걷는다. 50대에 들어선 지금도 내가 하고 싶은 운동과 활동을 계속 하고 있다. 그런데 나이가 더 들어서도 계속 가능할까 싶다. 나는 예순 살이 되어도 턱걸이를 할 수 있으면 좋겠다. 20킬로그램짜리 사과 상자를 번쩍번쩍 들어야 하는 마트 아르바이트도 다시 해보고 싶다. 일흔 살이 되어서 에베레스트 베이스캠프를 다시 한번 가보고 싶다. 그런데 그 나이대에도 과연 이 모든 것을 할 수 있을까?

신체가 내 마음을 따라주지 못해 내가 하고 싶은 것을 못 한다면 얼마나 서글플까. 결국 자신이 하고 싶은 것을 할 수 있느냐에 따라 우리 인생에 있어서의 '삶의 질'이 결정된다고 생각한다. 그렇다면 어떻게 해야 삶의 질을 떨어뜨리지 않고 유지할 수 있을까? 즉 내가 하고 싶은 활동에 필요한 수준의 체력과 실제 나의 체력, 이 둘의 격차를 어떻게 하면 줄일 수 있을까? 아니면 간극이 벌어지는 것을 어떻게 하면 조금이라도 늦출 수 있을까?

그 답을 최근에서야 찾았다. 아니, 그 답을 알고 있었지만 애써 외면했었는지 모른다. 그 답은 다름 아닌 근력운동이다. 단순한 것일 텐데, 이 답을 찾기까지는 꽤 긴 여정이 있었다.

운동 편식을 경계하자

미국에서는 룸메이트와 함께 살았다. "같이 조깅 갈래?" 또는 "수영 같이 갈래?"라고 물으면 그 친구는 "근육이 빠질까 봐 안 갈래."라고 답했다. 근력운동의 원리를 전혀 몰랐던 나는 속으로 '참 신기한 친구야'라고 생각했다. 그 친구가 이사 오던 날이 기억난다. 그 친구 이삿짐의 대부분은 웨이트 트레이닝 장비였다. 각종 크기의 덤벨 시리즈와 벤치, 그리고 바벨 운동 기구인 각종 모양의 쇠로 된 바들이 있었다. 이삿짐 옮기는 것을 도와주려고 덤벨을 옮기려는데 그 무게가 엄청났다. 가장 큰 덤벨은 두 손으로 들어도 끄떡도 하지 않았다. 이사 온 첫날부터 매일 2시간씩 무거운 덤벨과 씨름하며 근육운동을 하는 이 친구를 지켜보면서 내심 감탄하기도 했다.

그 친구와 같이 살면서 어떻게 근육을 키우는지 배울 수 있었지만, 왜 키워야 하는지에 대해서는 크게 관심이 없었다. 그래서 나는 시간이 생기면 무작정 달리러 나가거나 수영장을 가는 등 유산소운동만 했다. 근력운동만 하는 그 친구는 나를 이해할 수 없다는 눈으로 봤고, 나 역시 답답하게 실내에서 무거운 덤벨과 씨름하는 룸메이트를 약간은 한심한 눈으로 봤다. 이렇듯 우리 둘은 극단적인 운동 편식을 했다.

나의 운동 역사는 길다. 20대에 일상의 루틴으로 달리기를 시작하고, 30대에 심각하게 마라톤에 빠져들고, 40대에는 폼이 나는 운동을 하고 싶어서 검도를 시작했다. 그리고 50대에는 물공포증을 극복하고자 수영을 시작했다. 운동신경이 없어서 실력적인 면에서는 두각을 나타내지 못했지만 비가 오나 눈이 오나 정말 빼먹지 않고 하루하루 열심히 운동을 했다.

내가 열심히 하는 만큼 체력도 조금씩 강해졌다. 쉰 살이 넘어서도 무거운 배낭을 메고 허리까지 눈이 쌓인 길을 2박 3일 걷는 백패킹이 힘든 줄을 몰랐다. 그러면서 자칭 '체력 전도사'인 나는 일잘러의 기본은 체력이라며 여기저기 운동의 이로움을 홍보하고 다녔다. 물론 어떤 종목의 운동을 하라고는 말하지 않았지만 내가 말했던 운동은 유산소운동이나 재미를 느낄 수 있는 스포츠였다.

그렇게 다양한 운동, 즉 유산소운동을 30년 이상 해오면서 웨이트를 활용한 근력운동을 정말 단 한 번도 시도하지 않았다. 룸메이트의 덤벨이나 운동 기구가 늘 옆에 있었지만 선뜻 손이 가지 않았었다. 지난 30년간 나는 오로지 유산소운동만 하며 그야말로 극심한 운동 편식을 해온 것이다.

그러다가 2024년 9월, 한국에 들어와서 근력운동을 시작했다. 달리기와 검도, 또 주말 수영 등의 유산소운동을 지속하면서 거기에 근력운동을 추가했다. 그렇게 하게 된 것은 운동 전문가인 이우제 트레이너의 한마디에 자극을 받아서였다.

"근력이 삶의 질을 결정한다."

연금보다 근육, 근력운동을 하기에 늦은 나이란 없다

달리기와 같은 유산소운동이 근육에 전혀 도움이 안 되는 것은 아니지만 그것으론 부족하다고 한다. 근육에 일정한 무게 압력을 주고, 그것을 조금씩 증가시켜 근육 세포에 자극을 주어 세포를 생성하게 하는 것이 근력운동의 원리이기 때문이다. 반면 일정하게 같은 근육을 같은 강도로 움직이는 행위는 근육 세포 생성에는 비효율적이니 유산소운동을 하더라도 근력운동을 병행해야 한다는 것이다.

유산소운동이 더 중요하다거나 근력운동이 더 중요하다는 말은 성립이 안 된다. 둘 다 중요하다. 유산소운동은 심혈관계를 좋아지게 하고 지구력과 활동력을 높여준다. 반면 근력운동은 몸을 적극적으로 자극해 근육을 키워준다. 이 두 운동은 서로 시너지를 만드는데 실제로 내가 근력운동을 하고 나서 느낀 점은 달리기가 훨씬 수월해졌다는 것이다. 무엇보다 다리에 힘이 붙었다. 달리면서 땅을 차는 느낌이 다른 것은 물론 허벅지와 종아리에 힘이 느껴지고 전에 없던 속도가 붙기 시작했다.

달리기에 진심인 내게 다리와 대퇴근육을 키워주는 하체 근력운동은 상당한 도움이 되었다. 이렇게 근력운동은 기초 체력, 핵심 체력을 키워줌으로써 '내가 하고 싶어 하는 다른 운동'을 잘하게 도와준다. 평소 내가 즐겨 하는 운동은 달리기, 수영, 검도, 등산인데 근력운동 덕분에 이 활동들을 더 잘할 수 있게 되니 윈-윈이다. 근력운동을 쉰여섯 살이 넘어 시작했지만 지금이라도 시작해서 다행이라고 여긴다. 근력운동을 시작하기에 늦은 때란 없다. 요즘은 만나는 친구나 나이 많은 선배들에게 나이가 많아 못 한다고 생각하지 말고 일단 지금 당장이라도 근력운동을 시작해보라고 말한다.

여러 연구에 따르면 근육은 30세를 기점으로 감소하기 시작한다. 아무것도 안 하면 근육이 쭉쭉 빠지며 내리막길로 간다. 근육 손실량에 대해 살펴보니 많게는 매년 1퍼센트까지 근육이 감소한다는 연구 결과도 있다. 즉 10년이면 10퍼센트가 감소하는 것이다.

30세의 근육량을 100퍼센트로 본다면, 아무것도 안 하고 40세를 맞을 경우 근육의 90퍼센트가 남아 있고, 50세가 되면 근육이 80퍼센트만 남아 있다고 봐야 한다. 게다가 60세부터는 감소 속도가 더욱 빨라져 70세에는 근육량이 50퍼센트만 남아 있다고 한다. 목욕탕에 갔을 때 만났던 할머니들의 몸이 머릿속에 떠오른다. 모든 근육이 빠져서 앙상한 팔과 다리만 남은 모습이 말이다.

나이가 들면 근육의 감소와 함께 뼈의 강도와 밀도도 감소하기 때문에 뼈를 움직이게 하는 근육의 역할이 더욱 중요해진다고 한다. 골질량의 경우도 20~40세에 최대치에 도달한 후 서서히 줄어든다. 특히 여성의 경우 골질량 감소는 더 급격하게 일어나서 나처럼 50대 이후부터는 두 명 중 한 명꼴로 골감소증이나 골다공증을 경험한다. 뼈가 약해지면 골절이 오기 쉽다. 나이 들어 골절이 오면 사망에 이르는 확률도 높아질뿐더러 일단 뼈가 붙는 기간 동안 아무 일도 할 수 없으므로 일상 생활에 큰 지장을 초래한다. 아무 일도 할 수 없게 되면 심신의 건강이 악화되는 삶이 지속되며 악순환의 고리로 빠져든다.

그 연결 고리를 끊기 위해서라도 미리미리 근육을 준비해두어야 한다. 즉 '근육 증가→활동량 증가→부상 없는 삶'의 선순환 고리를 만들어 삶의 질을 증가시켜야 한다. 그만큼 근육이 중요하고 근육을 키우는 근력운동이 중요하다. 근육은 당을 먹고 살기 때문에 근육량이 많아지면 체내에 있는 당 소비가 촉진되어 당뇨병 질환을 예방하는 효과도 있다. 그뿐만이 아니다. 근육량이 늘면 기초 대사량이 높아져서 체중 조절에 도움이 되는데 이 점이 매우 중요하다. 나이 들어서 비만은 만병의 근원이기 때문이다. 근육량이 많아지면 체중 조절뿐만 아니라 노화와 함께 발생할 수 있는 여러 대사 질환의 위험도도 낮아진다.

우리는 기대 수명이 점점 길어지는 시대에 살고 있다. 1970년 기대 수명 62.3세에서 2024년에는 기대 수명이 84.3세가 되었다. 무려 20년 가까이 늘어났다. 여성의 기대 수명은 이제 87.1세다.

미국 워싱턴대학교 보건계량분석연구소Institute for Health Metrics and Evaluation, IHME에 따르면 2050년이 되면 전 세계 기대 수명이 지금보다 5년 가까이 더 늘어날 것이라고 한다. 요즘 젊은 친구들은 본인들의 기대 수명을 130세로 말하기도 한다. 이렇게 기대 수명이 늘어나는 속도에 맞춰 건강도 따라줘야 하는데, 그렇지 않다는 것이 문제다. 여기저기 아픈 채 골골대며 사는 시간만 길어질 수 있다는 뜻이다. 즉 '골골수명'만 늘어나는 셈이다. 오래 사는 것만큼 중요한 것은 건강하게 사는 것이다. 그러려면 건강한 근육이 토대가 되어주어야 한다.

결국 '근육의 양=삶의 질'이라는 공식이 나온다. 앞으로는 '연금보다 근육'이다.

나의 근력운동 일지

미국에서 한국으로 터전을 옮겨온 9월 나는 집에서 가장 가까운 헬스클럽에 등록했다. 운동하는 곳은 무조건 집이나 직장에서 걸어갈 수 있을 정도로 가까워야 한다는 게 내 지론이다. 그래야 짬이 날 때마다 운동을 할 수 있고 꾸준히 하는 게 가능하기 때문이다. 이전까지 근력운동을 한 번도 해본 적이 없던 나는 근력운동의 기초부터 배우기 위해 PT를 받기로 했다. 그래서 1주일에 두 번의 수업을 받는다. 물론 PT를 받지 않는 날은 혼자서 근력운동을 한다.

나의 운동 루틴대로 평일 아침에는 1시간 30정도 검도를 한다. 그리고 저녁에는 달리기 1시간을 하고난 후 헬스클럽에 가서 1시간 정도 근력운동을 한다. 주말에는 수영이나 등산을 하고 짬이 나는 대로 헬스클럽에 가서 또 근육운동을 한다. 회사와 집에는 팔굽혀펴기 기구를 갖다 놓고 눈에 보일 때마다 팔굽혀펴기를 하기도 한다. 이처럼 별일이 없으면 하루에 꼬박 3시간 이상을 운동에 쏟았을 정도로 꽤 운동에 진심이고 시간 투자도 많이 하는 셈이다.

이름조차 처음 들어보는 낯선 기구들, 그리고 특정 근육 부위를 신경 써서 움직여야 하는 세세함, 운동 전후에 근육과 근육막을 풀어주기 위해 하는 폼롤러 마사지 등 모든 것들이 한 번도 안 해본 것들이라 처음에는 많이 어려웠다. 특히 특정 근육 부위 운동을 하는데, 막상 그 신체 부위에 느낌이 오지 않을 때는 답답함도 있었다. 가장 가벼운 무게로 기구를 움직이는 데도 땀이 비 오듯 했다. 나름대로는 체력을 꽤 키웠다고 자부했는데 내 근육의 힘이 너무도 보잘것없다는 데에 적잖이 놀라기도 했다. 어깨, 등, 이두, 복근, 하체 등 부위를 바꿔가면서 1주일에 6회 이상 헬스클럽에 나가 근력운동을 했다.

가장 피해야 할 것은 PT 수업이 있을 때만 헬스클럽에 가는 것이다. 그러면 운동에 대한 습관이 형성되지 않고 몸의 변화도 더디게 느껴진다. 운동 부위를 바꾸더라도 나는 매일 헬스클럽에 나가 꾸준히 운동을 하고 있다. 물론 혼자서 운동하면 움직임의 정확도가 떨어지고, 옆에서 으쌰으쌰해주는 사람이 없기에 더 힘이 들기도 한다. 그럼에도 꾸준히 하는 것에 목표를 두고 매일매일 근력운동을 하고 있다.

한 달이 지나니 어깨와 팔에 조금 근육선이 보이기 시작했다. 그런데 '부작용'도 있었다. 식욕이 과해지면서 몸무게가 오히려 늘었던 것이다. 트레이너는 몸무게에 신경 쓰지 말고 우선은 꾸준히 해보라고 했다. 그리고 12주 정도가 지나면서 몸의 변화를 몸소 느끼기 시작했다. 느려도 괜찮다! 앞으로도 차근차근 가보자.

제3장

너무 바빠서
운동할 시간이
없다는 분들에게

바쁜 일상을 살아가는 현대인은 이런저런 일에 시간을 할애하고 정작 체력 관리는 소홀히 하는 경향이 있다. 특히 결혼한 사람이라면 직장에서 해야 할 일과 육아 및 가정생활로 일정이 꽉 차 있어 늘 시간에 허덕인다. 그러다 보면 운동은 가장 먼저 뒷전으로 밀리고 체력은 나날이 줄어든다. 하지만 정글 같은 경쟁 사회에서 살아가는 현대인들에게는 체력 관리야말로 가장 중요한 생존의 무기인지도 모른다.

제3장에서는 24시간을 쪼개 사는 바쁜 직장인들이 어떻게 하면 체력을 잃지 않고 건강하게 살아갈 수 있는지, 소소한 팁과 유용한 실전 노하우를 소개할 예정이다. 짧은 시간 안에 효과적으로 운동하고 스트레스를 관리하는 법, 그리고 일상의 작은 변화를 통해 체력을 키우는 법을 알아보려 한다.

이제 몸도 마음도 건강하고 가벼워질 수 있도록 체력 관리의 세계로 떠나보자.

운동, 거창하게
생각할 필요 없다

"회사 다니고 아이 키우면서 운동할 시간이 나시
나요?"

"저는 주말에도 제대로 쉬지도 못해요. 밀린 집안일 하랴, 양
가 집안 행사들을 치루느라, 또 아이 숙제 봐주랴. 그런데 어떻
게 운동할 시간을 만드시나요?"

"그렇게 여러 가지 일을 하고도 운동할 에너지가 남다니 부럽
네요."

내가 지난 30년 동안 매일매일 운동을 했다고 말할 때 자주
받는 질문들이다. 그렇다. 우리 모두에게는 정해진 24시간이

있다. 어찌 보면 공평하다. 그런데 누구는 운동할 시간이 있고, 누구는 운동할 시간이 없다. 왜 그럴까? 그건 마음가짐에서 비롯될 때가 많다.

운동을 너무 거창하게 생각하지 말자

가장 중요한 것은 운동을 너무 거창하게 생각하지 않아야 한다는 점이다. '운동해야지'라고 생각하면 바로 '어느 헬스클럽에 가야 하지?' 혹은 '무슨 운동을 하지?'로 연결이 된다. 우리는 보통 운동하려면 헬스클럽에 등록하거나 동네 체육관에 찾아가거나 운동 동호회에 가입해야 한다고 생각한다. 아니면 시작도 하기 전에 비싼 장비 생각에 맘을 접곤 한다.

그러다 보니 운동할 시간을 내는 것이 아주 특별한 일로 여겨진다. 대단한 준비를 해야지만 시작할 수 있는 일로 다가오는 것이다. 하지만 전혀 그렇지 않다. 운동은 특별한 준비를 해야만 할 수 있는 게 아니다. 거창하고 대단한 장비도 필요하지 않다. 그저 밥 먹는 것처럼 일상에서 언제든 할 수 있는 쉽고 단순한 일이라고 생각하면 좋겠다.

운동을 매일 밥과 국, 반찬을 차려서 먹는 집밥 같은 것이라고 생각해보자. 밥 먹는 일은 매일 꾸준하게 일상에서 자연스럽게 하는 행위 중 하나지만 늘 반찬이 바뀌듯 운동 역시 그 안에서 또 새로움을 찾는 것이다. 운동은 '손님'을 맞는 것처럼 반갑게 대하면서도 동시에 매일 보는 '가족'처럼 덤덤하게 대하는 자세가 있어야 오래 할 수 있다.

'내가 왜 이 남자랑 결혼했지?' 할 때의 '노답'처럼(물론 아닌 사람도 있겠지만), '내가 왜 이 운동을 하지?' 하다가도 '그냥 해야 하니까 하는 거지'라고 대답하는 '노답'이어도 괜찮다!

쉬운 운동, 즉 걷기부터 시작하자

우리 모두 바쁘게 살고 있지만, 그 안에서도 시간을 내서 운동하는 사람들이 있다. 너무 바빠서 시간이 안 날 것 같은 나날들이 계속되어도 가만히 들여다보면 30분이나 1시간 정도는 시간을 낼 수 있다. 그 시간에 일을 한다고 해서 산더미 같은 일이 확 줄어드는 것도 아니지 않는가.

목구멍까지 일이 차서 화장실 가는 것도 참아가며 야근하는 날(겪어본 사람은 안다!)이 있을 터다. 그럼에도 당장 처리해야 할 절체절명의 일이 아니라면 잠시 노트북을 닫아보자. 그리고 일단 자리에서 일어나 밖으로 나와 걸어보자. 동네나 회사 근처에서 한 방향으로 걸어갔다가 30분 정도 지났을 때 반환점을 돌아 다시 되돌아온다. 한 시간 정도 짬을 내는 게 힘들다면 30분도 괜찮다.

그게 운동이다. 그렇게 1시간 혹은 30분을 걷고 돌아와서 다시 책상 앞에 앉아도 실상 대단히 큰일이 일어나지 않는다. 오히려 1시간의 걷기를 통해 피로가 풀리고, 주의 환기가 되어 업무 집중도가 더 높아진다. 점심시간을 활용해 식사를 마치고 30분 정도 걷기를 하는 것도 방법이다.

이때 중요한 것은 꾸준함이다. 운동을 빼먹는 일이 반복되면 일이 좀 많다고 건너뛰고, 피곤하다고 또 건너뛰게 된다. 이런 습관이 고착되지 않도록 꾸준함으로 밀고 나가 보자. 꾸준히 하다 보면 자기만의 리듬과 주도권이 생기고 무언가를 해냈다는 성취감에 자신감도 올라간다. 나 자신이 대견해지면서 피곤함병과 게으름병, 합리화병이 서서히 사라지는 걸 느낄 수 있다.

풋살이나, 수영, 배드민턴 같은 스포츠를 해야만 운동하는 것이 아니다. 반드시 몇 시간을 내어 특정 장소에 가서 하는 것만이 운동은 아니라는 뜻이다. 달리기도 운동이며 홈트도 운동이다. 5분짜리 유튜브 동영상을 틀어놓고 스트레칭하는 것도 운동이다. 운동은 뭔가 거창하고 어려운 것이라는 생각만 바꿔도 운동에 접근하는 게 훨씬 쉬워진다.

주변에 이런 말을 하는 사람이 종종 있다. "고작 30분 걸어서 무슨 도움이 되겠어. 지방 연소도 안 되고 땀도 안 나는데 운동 효과도 없을걸." 이런 생각에 아예 시작조차 안 하는 사람이 많다. 물론 살을 빼기 위해 지방 연소가 목적이라면 좀 더 고강도의 운동이 필요하다. 하지만 당장 살이 빠지는 건 아니더라도 30분 걷기는 건강 측면에서 상당한 도움이 된다. 그러니 30분이라도 우리 삶에 운동하는 시간을 끼워 넣어 습관으로 만드는 것이 매우 중요하다. 그런 습관이 몸에 밴 사람과 그렇지 않은 사람은 마음가짐과 라이프스타일이 다르다. 30분이라도 운동하는 습관을 들인 사람은 나아가 강도를 높여 다른 운동에 접근하기가 훨씬 쉬워진다.

지루하다고 운동을 중단하지 말자

다른 것도 마찬가지지만 특히 운동은 한번 멈추면 다시 시작하기가 어렵다. 그러니 운동이 지루하다고 여겨질 때는 지루함으로 지루함을 극복하길 바란다. 무슨 말장난인가 싶겠지만 그렇지 않다. 운동을 하다 보면 어느 순간 의미도 없고, 내 몸의 변화에 크게 도움도 안 되는 것 같고, 운동 실력이 늘지도 않는 것 같아서 매너리즘에 빠질 때가 있다. 그럴 때는 깊게 생각하지 말고 그냥 지속하는 것이다. 계속 반복하다 보면 자신도 모르는 사이에 스르르 다시 재미가 찾아온다.

내가 막 검도 운동을 시작할 때 나보다 1년 정도 먼저 시작한 친구가 있었다. 대개 검도는 1년간 매일 부지런히 운동하면 초단을 따게 마련인데, 이 친구도 막 초단을 땄을 때였다. 나 같은 5급생에게는 정말 하늘 같은 존재였다. 그런데 초단을 딴 이후 이 친구가 도장에 나오는 횟수가 점점 줄어들더니, 급기야 1주일에 한두 번 나오기 시작했다. 일도 바빠졌고 여러 가지 개인적인 사정으로 자주 못 나온다고 했다.

그런데 대화를 나눠보니 피치 못할 사정 때문이 아니었다. 초단을 딴 후, 한두 번 빠지다 보니 나가기가 싫어지더라는 것이다. 1주일에 한두 번 나오니 몸도 잘 안 움직이고, 예전 같지 않다는 생각에 더 안 나가게 된다고 했다. 하늘 같은 초단에게 5급생인 나는 조심스럽게 이런 말을 했다. "그래도 꾸준히 하는 게 좋지 않을까요? 지금 멈추면 더 하기 힘들어질지도 몰라요." 그런데 내 조언이 와닿지 않았던 모양이다. 그 친구는 6개월이 지나자 도장으로 오는 발길을 끊었다.

운동신경이 지지리도 없는 나는 쉬지 않고 검도 운동을 해서 1년 뒤 초단을 땄다. 그리고 그 이후 2단, 3단, 그리고 사범이 되는 4단을 땄다. 단을 따는 게 중요한 것은 아니지만 꾸준히 하다 보니 어느새 4단까지 딴 것이다. 가끔 중간에 그만둔 그 친구를 생각한다. 그때 멈추지 않고 계속했더라면 그 친구는 분명 나보다 단이 더 높았을 테고 검도 실력 역시 더 좋았을 텐데 말이다. 운동에 있어서 꾸준함만큼 중요한 것은 없다.

자신이 재미있어 할 만한 운동 종목을 골라보자

앞서도 얘기했지만 내 시간과 상황에 맞게 운동하는 게 중요하다. 어디 따로 운동할 곳을 찾아갈 시간이 없을 때는 집 근처나 사무실 근처를 걷는 것도 좋다. 그러다가 상황이 허락되면 재미를 느낄 만한 운동을 찾아보는 것이다. 마흔 살이 되었을 때 나는 뭔가 특별한 운동을 하고 싶었다. 내가 전혀 해보지 않았던 운동을 하고 싶어서 도전한 게 검도였다.

그전까지 누구와 겨루는 운동을 해본 적이 없었고, 이기고 지는 사람이 있는 운동을 체질적으로 싫어했다. 우리 삶도 치열한데 운동에서까지 타인과 겨뤄서 이기고 지는 경쟁을 해야 하나 싶었다. 그저 스트레스를 풀 수 있고 땀을 낼 수 있으면 그만이라고 생각했다. 그래서 내가 좋아하는 운동은 걷기, 달리기, 마라톤, 인라인스케이트, 스노보드, 등산, 수영 등이었다. 모두 타인과 겨루는 운동이 아니라 혼자 하는 운동이었다. 나에게 운동목적은 땀을 내고 칼로리를 태우고 체지방을 빼는 것이었기 때문이다.

40대의 10년을 바칠 수 있는 새로운 운동으로 맨 처음 생각한 것은 복싱이었다. 그런데 집 주변이나 회사 근처에 마땅한 복싱 도장이 없었고, 있다 하더라도 운동 시간은 모두 저녁 퇴근 시간이었다. 나는 아침형 인간이라 아침 운동을 선호하고, 저녁에는 아이를 돌보고 대학원에도 다녀야 해서 복싱은 여의치 않았다.

그다음으로 찾은 것이 검도였다. 당시 역삼역 근처에 있는 검도장을 발견했다. 여성 관장님이 계신 것을 보고, 검도를 해보고 싶다는 생각이 더 강해졌다. 그렇게 검도를 시작해서 17년이 지난 지금도 하고 있다.

물론 꾸준히 운동하는 게 말처럼 쉽지 않다. 나 역시 '귀찮음병, 게으름병, 합리화병'이 지금도 문득문득 찾아온다. 하지만 여기 소개한 방법들로 이런 병들을 물리칠 수 있었다. 물론 아주 새로운 것은 없다. 그러니 100전 100승을 목표로 하지 말자. 일시적인 육체적 혹은 감정적 흐름으로 운동을 포기하지 않는 것도 중요하지만 그렇다고 나 자신에게 너무 잔인하지 말자. 너무 겁내지도 말고 자신을 너무 압박하지도 말면서 조금씩 조금씩 운동하는 습관을 만들어보는 것이다. 그러다 보면 운동하는 재미에 푹 빠져들지도 모르니까 말이다.

목표보다 중요한 건
방향성이다

"마음은 굴뚝 같은데, 퇴근하고 집에 오면 한 발자국도 나가기 싫어요."

"내일은 일찍 일어나서 조깅해야지 결심하지만, 알람을 들으면 만사가 귀찮아져서 포기하게 돼요."

"아침에 눈을 뜨면 몸이 천근만근이에요. 이렇게 피곤한데 운동보단 휴식이 우선 아닐까요?"

"할 일이 산더미처럼 쌓였는데, 여유롭게 운동까지 챙길 시간이 어딨어요."

한 번도 안 한 것보다는 한 번이라도 한 것이 낫다

'귀찮음병'과 '게으름병'은 누구나 갖고 있다. 항상 정확한 시간에 매일 산책을 해서 동네 사람들이 그를 보고 시계를 맞췄다는 일화를 지닌 철학자 칸트도 분명 귀찮을 때가 있지 않았을까? 운동이든 영어 공부든 루틴으로 정해놓고 하는 것에 인이 박힌 나에게도 가끔씩은 게으름과 나태함이 찾아온다. 또 우리에겐 해야 할 일을 하지 않을 훌륭한 이유들이 얼마나 많은가!

'오늘은 다른 날보다 일이 좀 많아서 지쳤고, 어젯밤은 아이가 칭얼거리느라 잠도 못 잤으니 오늘 운동은 포기해야지.' 이런 마음이 드는 건 당연하다. 나는 이런 날까지도 억지로 운동을 해야 한다고 생각지 않는다. 이런 날 운동을 못 했다고 자책을 하는 것에도 동의하고 싶지 않다. 누구에게라도 그런 날은 찾아올 수 있고 우리는 사람이기에 기계처럼 할 수는 없으니 말이다.

나는 늘 "목표보다 방향성이 중요하다."고 말한다. 1주일에 운동을 다섯 번 하겠다는 목표를 세웠는데, 그 주에 힘들거나 피곤한 일이 많아서 한두 번밖에 못 했다고 해서 자책할 필요는 없다. 그 힘든 시기에 한 번 혹은 두 번이라도 한 것은 잘한 일이다. 안 할 수도 있었는데 말이다. 이런 본인을 의지가 약하다, 나는 실패했다는 식으로 몰아붙이지 말자. 포기하지 않고 한 번은 해냈으니 잘한 거라며 쓰담쓰담해줘야 한다. 그리고 다시 시작하면 된다. 우리는 좋은 방향성을 향해 나아가고 있다. 좋은 방향성을 갖고 '저질 체력' 직장인들이 달고 사는 3대 만성병인 '귀찮음병', '게으름병', '합리화병'을 하나씩 깨나가 보자.

운동을 습관화하면 된다고들 한다. 도대체 나라고 습관을 갖고 싶지 않겠는가. 그런데 그 습관을 어떻게 만드는지 몰라서 많이 헤맨다. 아래는 운동 젬병인 내가 30년 동안 직장 생활과 육아, 집안일을 하면서 만들어낸 운동 습관 팁이다. 운동광이 아니어도 누구나 따라 할 수 있는 실제적인 팁들이니 도움이 되었으면 한다.

직장인들의 3대 만성병을 극복하는 노하우

패턴화하지 말자

"목표를 채우지 못해도 방향성만 있으면 된다."라는 말은 매번 핑계를 대며 운동을 포기하는 것과는 다르다. 우리가 조심해야 할 것은 패턴화시키지 않는 것이다. 힘든 날이라고 해서 매번 운동을 쉬지 말고, 세 번 중 한 번 정도는 힘든 날도 운동을 해 보기를 바란다. 아마 다른 느낌을 받게 될 것이다. '피곤해서 포기하려 했는데, 운동하니까 오히려 개운하네' 하는 느낌 말이다. 그러면 피곤하다고 매번 운동을 포기하는 패턴에서 벗어날 수 있다.

집에 꿀단지를 숨겨놓은 것도 아닌데 퇴근할 때만 되면 왜 그리 집에 가고 싶은지 모르겠다. 일 끝나면 그냥 집에 갈까? 오늘 운동 안 한다고 큰일 나는 것도 아닌데…. 운동 갈까, 말까, 갈까, 말까 이렇게 맘속에서 요동을 친다.

이처럼 할까 말까를 고민하는 상황에서 결정하는 나만의 기준이 있다. 우선 어떤 일을 할까 말까 고민이 들면 나는 무조건 하는 쪽을 선택한다. 고민스러운 상황에서는 일단 적극적으로 실행하는 쪽이다.

운동도 마찬가지다. 할까 말까 고민이 될 때는 그냥 하기로 결정하고 일단 움직여보는 것이다. 그러다 보면 '운동을 안 하고 집에 일찍 간다고 막상 제대로 쉬는 것도 아니네', '아침에 한 시간 더 자도 크게 달라지지 않네'라는 걸 몸이 깨닫는 순간이 온다. 이런 깨달음을 얻으면 피곤해도 웬만해선 운동을 거르지 않는 습관을 형성하는 데 한걸음 가까워진 것이다.

그렇다면 몇 번부터 패턴으로 볼까? 각자 기준은 다르겠지만 내 기준으로는 연속해서 세 번째가 됐을 때는 패턴이라 본다. 한 번, 두 번 이어져 세 번째가 된다면 패턴이 된 것이 아닌지 경계하게 된다. 그때부터는 일부러라도 다르게 행동하고 몸의 반응을 살펴보는 것이 좋다.

꼭 해야 하는 것과 앞뒤로 동선을 묶어보자

누구나 운동을 습관으로 만들고 싶어 하지만 운동 습관화는 생각처럼 쉽지 않다. 이때 내가 줄 수 있는 팁은 내가 꼭 해야 하는 일과 운동을 묶는 것이다. 난 우선 동선으로 묶었다. 내가 10년 넘게 매일 아침 운동했던 검도장은 회사 출근 방향에 있다. 집에서 회사를 가게 되면 꼭 그 길을 지나쳐야 한다. 그러니 출근하는 길에 잠시 들러서 운동하는 게 훨씬 쉽다. 애써 돌아가거나 멀리 찾아가야 할 필요가 없기 때문이다. 요즘은 사무실 빌딩 지하에 있는 헬스클럽을 이용하는 이들이 많은데 이것도 아주 좋은 방법이다. 내 경우 출근길 길목에 있는 검도장을 그냥 지나치려면 벌써 머리 뒤꼭지에서 신호가 온다. 그래서 늘 운동을 리마인드하게 된다.

그다음에는 운동을 출근 준비(샤워)와 묶었다. 어차피 오전에 출근 준비를 하려면 샤워를 해야 한다. 그러니 운동 후 샤워를 하면 시간을 따로 내지 않아도 된다. 운동 후 출근 준비가 어느새 자동 연결되어 세트로 인식된다. 저녁에 운동하고 샤워하면 다음 날 아침 머리 손질이 어려워 머리를 한 번 더 감아야 하는 번거로움이 있다. 저녁에 운동을 하러 가면 약간 아깝기도 하고 억울한 생각마저 들 정도다. 이는 내가 저녁 운동보다 아침 운동을 선호하는 이유 중 하나다.

개인적으로 집에서 머리 감는 것을 싫어하는 이유가 있는데 집에서 머리를 감고 손질을 하면 머리카락이 샤워장, 목욕탕, 파우더룸 등 여기저기에 너무 많이 떨어져서 그걸 청소하는 게 일이기 때문이다. 그래서 나는 머리 감는 것을 되도록 집에서 안 하려고 한다(물론 남편도 함께 해주면 더블 땡큐다!). 나에게 이 동기부여가 정말 크다. 집을 지저분하게 하지 않는 것도 바쁜 워킹맘의 사소한, 그렇지만 중요한 동기부여가 된다. 혹시 나와 같은 직장인이 있다면 나에게 어떤 것이 꾸준한 운동의 동기부여가 될지 사소한 것이라도 한번 찾아보는 것도 좋다.

다시 강조하지만 1주일에 운동을 몇 번 하겠다는 목표보다 중요한 것은 건강한 삶을 살겠다는 방향성이다. 목표를 채우지 못했더라도 그 방향성을 향해 노력하자. 몇 번 운동을 쉬었다고 해서 섣불리 포기하지 말고 다만 10분이라도 걸어보자. 1주일에 한 번이라도 운동을 한다면 안 한 것보다는 훨씬 나으니 말이다.

강박에 휘둘려
자신을 들들 볶지 말자

　　우리는 우리 자신을 너무 못살게 군다. 게으르다고 다그치고, 꾸준함이 없다고 질책하고, 끈기가 없다며 실망하고, 계획한 루틴을 못 지킨다고 자책한다. 그렇게 냉혹하게 굴며 오늘도 자신을 들들 볶는다. 물론 원하는 바를 성취하기 위해 어느 정도 긴장감을 갖는 것은 필요하다. 하지만 지나친 실망과 자책을 하는 것은 정신 건강에 좋지 않다. 무엇보다 자신을 질책한다고 해서 크게 도움이 되는 것도 아니다. 더 향상된 성취를 위해서는 질책보다 격려를 하는 게 오히려 도움이 된다.

새해가 되면 사람들은 새해 결심을 한다. 그중 1, 2위를 다투는 것이 다이어트와 운동이다. 새해 결심이 그렇듯 그 결심은 한 달을 가기 어렵다. 미국의 스크랜턴대학교 《임상심리 저널》University of Scranton, Journal of Clinical Psychology에 따르면 8퍼센트만이 모두 새해 결심을 지키고, 나머지 92퍼센트가 새해 결심에 실패한다고 한다. 특히 80퍼센트는 두 달 안에 그만둔다고 한다. 우리나라 속담에도 작심삼일이란 말이 있다. 그만큼 결심한 것을 지키기 어렵다는 뜻이리라.

그런데 나는 이 결심에 너무 얽매이지 말라고 조언하고 싶다. 만약 '올해 나는 매일 조깅을 하겠어'라는 목표를 세웠다고 해보자. 1주일에 일곱 번 조깅을 하면 좋겠지만 그렇게 하지 못해도 괜찮다. 예를 들어 1주일에 한 번 혹은 두 번 정도만 조깅을 했다고 해서 패배감을 느낄 필요는 없다는 뜻이다. 목표치에 다다르지 못했다고 해서 아예 포기하는 것보다는 미흡해도 하는 것이 낫다.

사실 굳건한 마음으로 목표를 정해도 우리에겐 여러 일과 변수가 생긴다. 일이 갑자기 많아지고 몸도 피곤해진다. 저녁 회식도 잡히고, 출장도 잡히고, 집에도 자꾸 일이 생긴다. 혹은 그냥 운동하기 싫을 때도 있다. 퇴근하고 집에 가서 시체처럼 누워 있고 싶은 날도 있게 마련이다. 이처럼 다양한 이유로 우리 계획은 어그러진다. 1주일에 일곱 번 운동하기로 계획했지만 결국 한두 번으로 끝나기도 한다.

　그래도 괜찮다. 아예 안 하는 것보다는 좀 더 좋은 라이프스타일을 유지하는 것이니 말이다. 그러니 이럴 때 잘하고 있다며 스스로를 다독이고 칭찬해주자. 자신을 힐난하는 것보다는 칭찬하고 격려하는 게 운동을 계속하는 데 도움이 된다.

　'에잇, 오늘 금요일인데 이번 주는 운동을 한 번밖에 못 했네. 망했네, 망했어' 할 것이 아니다. '바쁜 와중에도 운동을 한 번은 했으니 다행이야. 그럼 오늘 30분 정도 걸어볼까?' 이렇게 자책과 부정의 마인드를 칭찬과 긍정의 마인드로 전환하자. 그러면 운동을 포기하려는 마음이 좀 더 해보자는 마음으로 바뀐다.

　아널드 슈워제네거도 비슷한 말을 한 바 있다. 그는 "게으름 피우지 않도록 저에게 따끔하게 얘기해주세요."라는 독자에게 "나는 그렇게 매몰차게 말하지 않겠습니다. 자신을 그렇게 몰아붙이지 말아요. 우리 모두 힘든 일을 겪기도 하고 실패도 겪어요. 중요한 건 자리에서 일어나는 겁니다. 조금씩 움직여보는 거예요."라고 조언했다.

　미국에서 아르바이트를 하던 시기에 나도 간혹 게으름을 피우곤 했다. 오후에 일을 시작하는 날은 아침에 일찍 일어나서 수영을 1시간 정도 하고 왔다. 그런데 비가 계속 내리는 우기가 되니까 아침에 일어나면 으슬으슬 춥기도 하고 어두컴컴하니 운동 가기가 싫어졌다. 월, 화, 수를 그렇게 뭉그적거렸다. 마음

속에서는 '가야지 아니 쉬어도 되지' 하면서 두 마음이 아웅다웅 한다. 한 주 시작을 잘 못한 것 같아 찝찝해하다가, 목요일에 수영을 하러 갔다. 막상 가니까 또 할만하다. 그래서 나에게 칭찬을 아끼지 않았다. '그래, 로이스. 너는 언제라도 즐겁게 시작할 수 있어서 그 점이 참 좋아. 자, 오늘 했으니, 주말까지 계속해보자.' 이렇게 나를 추켜세우고 격려해주니 그 주는 목, 금, 토, 일까지 연달아 수영을 즐겁게 할 수 있었다. 자책하면서 '에이, 이번 주는 틀렸으니 다음 주부터 해야지' 했다면, 그 네 번의 운동을 날려버렸을 테고, 또 다음 주에 다시 시작하는 것도 훨씬 어려웠을 것이다.

그러니 우리 자신을 너무 들들 볶거나 자책하지 말자. 나는 항상 나 자신에게 친절해야 한다be kind to yourself고 생각한다. 우리가 우리 자신에게 가장 잘 해줘야지, 누가 더 잘해주겠는가? '나 잘하고 있어, 나 괜찮은 사람이야'라고 내가 내 자존감을 지켜줘야지, 누가 먼저 지켜주겠는가? 이런 자존감이 있어 스스로를 격려할 때 운동을 더 잘하게 된다.

나도 운동 땡땡이를
치고 싶을 때가 있다

작년 초 검도 호구 가방을 자동차 뒤 트렁크에 넣어둔 채 쇼핑몰에 주차했는데, 누군가 차 유리창을 깨고 가방을 훔쳐간 일이 있었다. 아마 귀중품이려니 하고 가져간 것일 터다. 절도범에겐 그다지 쓸모없는 물건일 텐데, 나에게는 없어서는 안 될 운동 도구였다. 당장 검도 운동을 할 수가 없게 되었다. 갑자기 생긴 상황에 '아, 난 이제 뭐하지'라는 생각이 들어 당황했다. 하지만 동시에 제대로 된 핑곗거리가 생겼으니 호구를 다시 살 때까지 당분간은 운동을 '공식적으로', 아주 '떳떳하게' 쉴 수 있겠다는 생각도 들었다.

미국에 와서도 검도 운동을 건너뛴 적이 없다. 간혹 가기 싫은 마음이 든 적도 있었으나 늘 그 유혹을 물리치고 연습에 참석했다. 명확한 이유 없이 수업에 빠지는 것을 견딜 수 없는 내 성격도 한몫했다. 교통량이 많아 평소 20분 걸리는 길이 80분 넘게 걸리더라도 매주 화요일, 금요일 저녁에는 검도 운동을 하러 갔다. 오후 5시에 가서 밤 11시가 넘어야 집에 오는 일정이었다.

그러다 모처럼 장비가 없어서 검도 연습을 못 하게 되자, '이런 황금 같은 휴가가 또 오겠는가?' 하는 생각이 꾀병처럼 먼저 들었다. 장비가 없어서 연습을 못 할 수밖에 없으니, 미안함이나 죄책감도 가질 필요가 없었다. 특히 2023년부터는 사범으로 1주일에 두 번 있는 초보자 수업을 맡아 이삼일보다 긴 일정으로 어딘가 가기가 어려웠다. 불금에도 저녁 약속 한 번을 잡지 않고 100퍼센트 출석했으니 조금 쉬고 싶은 맘이 들었던 것 같다.

미국에서는 제대로 된 퀄리티의 호구를 맞춤으로 살 수가 없었기에 장비를 한국에서 맞춰와야 했다. 한국에서 장비를 공수해오려면 시간이 꽤 걸릴 수밖에 없기에 최소한 한 달은 운동 부담없이 길게 놀러도 갈 수 있지 않을까 하는 기대에 부풀었다. 그때 이런 생각이 들었다. '로이스, 너도 이럴 때가 있구나. 운동을 쉬고 싶을 때가 있어.' 나는 그냥 편하게 나를 놔두기로 했다. 15년간 쉼 없이 꼬박 검도를 했으니 이참에 조금 쉬어가도 좋겠다고.

그렇게 호구를 도둑맞은 날, 한국에 계신 예전 도장 관장님께 연락을 드렸다. "관장님, 호구를 도둑맞아서 다시 맞춰야 할 것 같아요. 주문할 만한 곳 좀 알려주시겠어요?" 내 카톡에 관장님이 답신을 보내주셨다. "네, 그럴게요. 근데 연습을 쉴 수는 없으니 제가 갖고 있는 여분의 호구 세트를 미국으로 바로 보내드릴게요." 덧붙여서 "운동을 쉬어서는 안 되잖아요."라고 하신다. '앗, 이참에 쉬어가려 했는데. 역시 쉬어서는 안 되는 것인가.'

관장님 사전에는 쉼이란 없나 보다. 한국에서 호구를 힘들게 공수해주신다니 너무도 감동이었다. 사실 검도 호구는 개인적인 물건이어서 웬만해서는 남에게 선뜻 빌려주기 어렵다. 또 빌려달라고 부탁하는 것도 예의가 아니다. 땀과 체취가 묻을 수밖에 없으니 말이다. 그런데 관장님은 선뜻 본인의 여벌 세트를 빌려주신단다. 그것도 한국에서 바로 항공 배송을 해주시겠다고 하셨다.

고마운 마음은 알지만, 그 수고가 너무 클 걸 알기에 일단은 사양했다. 그런 다음 도장의 친한 친구인 도리스에게도 도둑맞은 호구 얘기를 하고 새 호구를 한국에서 공수해올 때까지는 연습을 못 할 것 같다고 말했다. 아뿔싸, 이 친구 역시 여분의 호구가 있단다. "로이스, 내게 여분의 호구가 있으니 내 걸 갖다 써.

우리 체격이 비슷하니까 아주 완벽하진 않더라도 대충은 맞을 거야."

그렇게 나는 그 친구의 호구를 바로 받아서 한 주도 건너뛰지 않고 운동을 할 수 있게 되었다. 막상 검도장에 나가 땀을 빼고 운동을 하니, 역시 쉬지 않기를 잘했다는 생각이 들었다. 이렇게 같이 운동하는 사람들이 옆에 있으니 조금 쉬어가고 싶을 때도 격려가 되고 응원이 된다.

물론 나도 다른 운동 친구들에게 똑같이 행동한다. 왠지 운동을 '땡땡이' 칠 것 같은 분위기가 감지되면 그 친구에게는 미리 문자나 전화를 한다. "오늘 도장에서 보자."라고 말하거나 "운동 끝나고 맥주 한잔하자."라며 문자를 보낸다. 또 머리 보호대 안에 쓰는 면수건을 깜박 잊고 안 가져왔다며 집에 가겠다는 친구가 있으면 내가 여벌로 갖고 있는 면수건을 빌려준다. 핑계를 찾고 싶을 때, 그걸 제거해주는 것이다. 누구나 가끔 이렇게 하기 싫은 마음이 들 때가 있다. 그럴 때 서로 잡아주는 동료들이 있으면 큰 도움이 된다.

침대에서 뒹구는 베드 로팅,
괜찮을까요?

"너는 등이 침대에 붙었니?"

하루 종일 침대에 누워 뒹구는 아이를 보다 못해 가끔씩 한소리 한다. 눈을 뜨면 바로 일어나는 게 습관이 된 나에게 침대는 잠만 자는 곳이다. 잠을 자지 않으면서 침대에 누워 있는 것은 몸이 불편할뿐더러 게으름의 정수가 된 것 같아 죄책감마저 느낀다. 그러니 침대에 누워만 있는 아이를 보면 나도 모르게 잔소리가 나오기도 한다. '이 귀중한 시간을 침대에만 누워서 쓴다고?'

젠지 세대들은 왜 침대에서 뒹굴거리며 시간을 보낼까?

그러다가 틱톡에서 1억 3,000만 조회 수를 기록하며 10~20대
의 젠지Genz세대들 사이에서 유명해진 '베드 로팅'bed rotting 트
렌드에 대해 들었다. 베드 로팅, 글자 그대로 해석하면 '침대에
서 썩어가기'다. 약간 부정적으로 들리지만 썩는 것과는 관련이
없다. 우리나라 말로 하면 침대에서 뒹굴거리기랄까. 베드 로팅
은 침대에서 일어나 활동할 수도 있지만, 의식적으로 침대에 머
물면서 휴식과 여유의 시간을 즐기는 것을 말한다. 휴식과 자기
관리를 위해 침대에서 오랜 시간 보내면서 번아웃을 극복하는
것이다.

친구의 딸인 대학생 수지는 최근 시험 기간에 압박감과 스트
레스에 시달렸는데, 그때 틱톡에서 베드 로팅 영상을 접했다고
한다. 학기말 시험이 끝난 후 수지는 밖에 한 발짝도 안 나가면
서 주말 내내 자기 방 침대 속에서 하루 종일 뒹굴었다. 침대에
누워 좋아하는 책을 읽고, 넷플릭스도 보고, 친구들과 소셜미
디어로 소통하면서 그동안의 스트레스와 긴장을 날려버렸다는
것이다. 밖에 나가서 돌아다니는 것도 스트레스가 풀리지만, 어
떨 때는 자기 방 침대에서 뒹굴뒹굴하는 것이 정신적, 신체적으
로 회복하는 데 큰 도움이 된다는 이야기였다. 물론 침대에 머
무는 시간이 반나절이 넘어가면 서서히 부모의 눈치가 보이게

마련이다.

베드 로팅은 아마도 끊임없이 높은 생산성과 효율성을 요구하는 숨 가쁜 현대 사회에 반대급부로 생긴 새로운 휴식의 방법인 듯싶다. 물론 예전에도 이런 문화가 없었던 것은 아니다. 내가 어렸을 때는 따끈한 방바닥에서 뒹굴며 밖을 나가지 않으려고 할 때가 있었다. 그럴 때면 엄마에게 "얘, 너는 방바닥을 디자인하고 있니?" 하는 소리를 들었다. 과거에는 따끈한 방바닥에 누워 라디오를 듣거나 잡지를 보거나 만화책을 읽었다. 요즘 젊은 세대들은 침대에 머물면서 스마트폰이나 노트북으로 베드 로팅을 한다. 그리고 그 시간도 과거보다 좀 더 길어진 듯하다. 반나절 정도가 아니라 주말 내내 침대에서 나오지 않기도 한다니 말이다. 어떻게 보면 늘 하이퍼 에너지를 위해 "아자, 아자, 아자!"하는 과도한 텐션을 거부하는 시간일 수도 있다.

요즘 젊은 세대들은 베드 로팅을 왜 환영하는 것일까? 그 매력은 자못 당연한 것처럼 보인다. 2023년 미국 국립수면재단 National Sleep Foundation의 조사에 따르면, 젠지세대 응답자의 78퍼센트가 일상적인 심리적 압박감 속에 산다고 한다. 학교, 직장, 사회적 책임과 의무, 부모들의 기대, 그리고 예상할 수 없는 자신의 미래 등으로 늘 중압감과 불안함을 느낀다. 이런 젊은 세대에게 하루 이틀 밖에 나가지 않고 침대에서 뒹굴거리는 것은 현실을 잊는 방법일 수도 있고, 혹은 휴식을 취하는 방법일 수도 있겠다. 즉 남들 눈에는 다소 기이하게 보이는 베드 로팅이 젊은 세대들에게는 웰빙과 휴식을 취하는 방법의 하나인 것이다.

진정한 휴식과 현실 회피를 구분해야 한다

항상 의미를 앞세우며 치열하게 살아온 부모 세대에게 침대에서 뒹구는 자녀들의 베드 로팅은 그저 의미 없는 나태함으로 보이기도 한다. 이에 대해 젠지 세대 정신건강분석 전문가인 사라 존스Sarah Jones 임상 심리학자는 "표면적으로는 베드 로팅이 게으름처럼 보일 수 있지만, 이는 스트레스를 해소하려고 노력하는 신호일 수 있다. 일상생활의 끊임없는 자극에서 쉬는 시간을 갖는 것은 휴식과 감정 조절을 위한 중요한 시간이 될 수 있으므로 침대에서 뒹구는 것 자체를 지나치게 터부시할 필요는 없다."라고 말한다. 다만 존스 박사는 목적 있는 휴식과 회피를 구별하는 것의 중요성을 강조한다. "진정한 자기 관리는 자신을 재충전하고 다음을 준비하는 것이어야 한다. 만약 베드 로팅이 책임을 회피하거나 어려운 감정을 억누르기 위한 수단으로만 사용된다면 이는 경계해야 한다."라며 주의할 점도 일러주었다.

사실 늘 시간을 쪼개 살아오면서 잘 쉬지 못하는 기성세대들에게도 어쩌면 이런 베드 로팅이 필요할 수 있겠다는 생각이 들었다. 끊임없이 바쁘게 몰아붙이기만 하는 우리에게 충분한 수면과 휴식은 인지 기능, 정서적 안정과 신체 스트레스 회복에 필수적이기 때문이다. 때론 침대에서 시간을 보내며 책 읽기, 음악 듣기, 또는 일기 쓰기와 같은 다양한 정적 활동을 할 필요가 있기도 하다. 다만 스마트폰으로 소셜미디어와 동영상을 즐기며 시간을 보내는 것은 조금 조심해야 할 것 같다. 눈의 피로도는 말할 것도 없고, 내가 의식하지 못한 사이에 불편한 자세를 오래 취하게 되어 체형이 틀어질 수 있으니 말이다.

제대로 된 휴식을 취하기 위해 건강한 베드 로팅을 할 수 있는 팁을 모아보았다.

첫째, 시간 제한을 설정하자. 침대에서 전체 주말을 보내는 것이 유혹적으로 들릴 수 있지만, 이는 너무 긴 시간이므로 반나절 정도의 시간으로 제한해보자. 스마트폰으로 소셜미디어를 하거나 동영상을 보면 시간이 쏜살같이 지나가 시간 감각을 잊어버린다. 이때를 위해 알람을 설정해놓는 것도 방법이다.

둘째, 몸의 반응을 살펴보자. 베드 로팅의 핵심은 침대에 누워 있는 것이지만, 완전히 활동하지 않는 것은 아니다. 그러니 불편한 자세가 오래 지속되지 않도록 몸을 살피고 자세를 바꿔보자. 간혹 스마트폰을 머리 위로 오래 들고 있으면 피가 안 통해 손이 저리기도 하고, 베개 받침이 편하지 않아 목덜미나 어깨가 아프기도 한다. 때론 비뚤어진 자세 때문에 허리가 아플 때도 있으니 이때는 자세를 바꿔가며 휴식을 취하는 것이 필요하다. 누워서 할 수 있는 간단한 요가 동작이나 스트레칭을 해주면 좋다.

셋째, 어둡게만 있지 말고 채광과 환기에 신경 쓰자. 커튼을 열어놓아 자연 채광을 즐겨보자. 밝은 빛을 쐬는 것만으로도 기분을 상승시킬 수 있다. 또한 문을 열어서 환기에도 신경을 쓰자. 퀴퀴한 공기와 어두침침한 공간에서 오랜 시간 머무는 것은 기분 전환에 도움이 되지 않는다.

베드 로팅이라고 해서 밖을 전혀 나가지 않는 것은 아니다. 침대에서 일어나 집안을 왔다 갔다 하거나, 간단히 집 주변을 돌아보고 들어오는 것도 기분 전환에 도움이 된다. 아주 잠깐씩이라도 몸을 일으켜 움직여보자.

이럴 땐 무조건
이불킥하세요

아마 다들 이런 적이 있을 것이다. 아침에 눈 뜨자마자 침대에 누운 채 손을 뻗어 스마트폰을 손에 쥔다. 이메일이나 소셜미디어를 확인한 후 여기저기 돌아다니며 30여 분 동안 스마트폰을 놓지 못한다. 중요한 메시지가 있는지만 확인하고 덮으려 한 건데 어느새 스마트폰을 붙잡고 있는 것이다. 그렇게 30분이 허투루 흘러간다. 1시간 동안 아침 운동을 하기로 했는데, 30분이 흘러가 버려서 운동을 하기엔 시간이 조금 모자라다. 그래서 가려 했던 운동을 포기하고 바로 출근한다.

나도 가끔 그런 때가 있다. 아침에 눈을 뜨자마자 스마트폰으로 이메일을 확인하고 '아주 급한 일만 처리하고 나가자'라고 생각했지만 그게 잘 되지 않는다. 이메일 두세 개를 처리하다 보면 이제 시간이 부족하단 생각에 주저앉는다. '에잇, 오늘은 텄으니 그냥 이메일이나 보자'라면서. 수도 없이 이런 생활 패턴에 매몰되기도 하다가 또 수도 없이 이런 패턴을 깨려고 노력했다. 반은 성공했고, 또 반은 성공하지 못했다. 그럼에도 나름 성공의 법칙을 모아서 실천했고 조금씩 성공 확률을 높여가고 있다.

내가 터득한 법칙 중 가장 중요한 것은 눈을 뜨고 나서 스마트폰을 체크하지 않는 것이다. 회사 이메일 박스도, 소셜미디어도, 간밤에 들어온 뉴스도 보지 않는다. 물론 내용을 읽어보고 급한 것을 확인하고 싶은 마음은 굴뚝같겠지만, 한번 스마트폰을 보기 시작하면 거기서 헤어나오기 어렵다. 그러다 보면 스스로와 약속한 일을 제시간에 해내지 못하게 된다. 8시든, 9시든 간에 내가 일을 시작하기로 했다면 그 시간 전에는 이메일을 체크하지 않는 게 좋다. 내 개인 스케줄을 훼방놓기 때문이다.

예정 시간보다 일찍 이메일을 읽고 답한다고 해서 일의 결과가 크게 달라지는 것도 아니다. 업무가 시작되고 나서 답장을 보낸다고 해서 세상이 두 쪽 나지 않는다는 말이다. 30년 회사 생활을 한 경험으로 미루어보건대, 정말 급한 절체절명의 순간에는 '전화'를 한다. 이메일을 보낸다는 것은 아주 급하지는 않은 일이란 뜻이다. 그러니 1~2시간 늦는다고 해서 문제될 것은 없다. 더구나 업무가 시작되기 전인 새벽 시간에 답을 해야 할 만큼 급박한 일은 거의 없다. 그뿐만 아니라 내 경험에 비추어 보면 업무 외 시간인 이른 오전과 늦은 밤에 바로바로 답장하는 습관은 좋지 않다. 상대방이 거기에 익숙해져 아무 때나 답장을 기대할 수도 있기 때문이다.

내 구글 동료 중 한 명은 "나는 밤 7시 이후, 다음 날 아침 8시까지는 가족들과 보내는 시간이므로 이메일을 전혀 체크하지 않아. 그러니 급한 일은 언제든지 전화를 걸어줘."라는 자동 메일을 걸어놓기도 했다. 급한 일에 대해 나 몰라라 하는 것이 아니라, 늘상 이메일에 매달려 확인하지는 않는다는 뜻이다.

실제로 《직업 건강 심리학 저널》Journal of Occupational Health Psychology 연구에 따르면, 이메일을 열어보는 것 자체가 걱정을 배가시킨다고 한다. 특히 아침에 일어나자마자 이메일을 열어보고 느끼는 스트레스가 하루의 기분을 좌우한다는 것이다.

나는 아침형 인간으로 아침에 주로 운동을 한다. 이른 아침 알람 소리에 눈을 뜨면 바로 이불킥하고 거의 3초 만에 침대에서 나온다. 미적거리지 않는다. 침대에서 스마트폰을 열어 이메일을 보거나 밤새 나온 뉴스 혹은 소셜미디어를 보는 날은 바로 망한다. 5분이 10분이 되고, 10분이 곧 30분이 되는 걸 너무 많이 경험했기 때문이다. 그래서 내가 아침 운동 시간을 확보할 수 있는 가장 확실한 방법은 바로 '이불킥'이다. 환경리서치와 《퍼블릭 헬스 국제 저널》International Journal of Environmental Research and Public Health 연구에서도 운동을 습관화한 사람들은 자아 감정 컨트롤과 자기 통제력이 높아지는 것으로 나타났다. 전 프로 레슬러였다가 성공적인 영화배우로 전향한 드웨인 존슨은 헐리우드 배우들 중 아마 가장 운동에 진심인 사람일 것이다. 존슨은 "다른 사람들이 하지 않는 일을 '오늘' 우리가 할 때 다른 사람들이 이룰 수 없는 것을 '내일' 이룰 수 있다." We do today what they won't, so tomorrow we can accomplish what they can't. 라며 성공에 있어서도 '지금 이 순간'의 자기통제력을 늘 강조했다.

이제부터 이렇게 해보는 것이다. 아침에 일어나 스마트폰을 확인하는 대신 바로 이불킥을 하고 나와서 하루를 운동으로 시작하자. 신체적, 정신적 건강을 우선시하자. 아침 루틴을 훼방하는 일을 방치하지 말자. 건강하고 생산적인 하루는 내 아침 시간을 통제하는 것에서 시작된다는 것을 기억하자.

다른 사람과 비교하는 것은 사과와 오렌지를 비교하는 것과 같다

수영을 하다 보면 나는 반도 못 갔는데, 옆 레인에 있는 사람은 벌써 반환점을 돌아오고 있다. 또 나는 검도를 시작한 지 17년째 계속 4단에 머물러 있는데 다른 사람은 이미 5단을 따고 6단을 준비하고 있다. 요가를 하는데 저 앞에 있는 사람은 나보다 훨씬 유연해서 각종 동작을 능숙하게 따라 한다. 스노보드를 배워도 나는 계속 중급 슬로프에 머물러 있는데 같이 시작한 친구는 벌써 최상급 슬로프에서 논다. 배드민턴을 같이 배웠는데, 내 짝꿍은 발 빠르게 날아다닌다. 나는 셔틀콕을 주우러 다니느라 정신이 없는데 말이다.

남과의 비교는 백해무익하다

우리는 어렸을 때부터 남과 비교하는 세상에서 살아왔다. 무엇을 하든 자동적으로 비교하는 것이 습관이 되어버렸다. 운동신경이 없는 나는 새로운 운동을 배우는 것도 더디고 잘하기까지는 정말 오랜 시간이 걸린다. 아니 잘하는 데까지 가본 적도 별로 없는 것 같다. 그런데도 신기한 것은 끈질기게 하고 있다는 점이다. 아주 조금씩 조금씩 나아지는 것에 만족하면서 말이다.

모든 사람의 운동 여정은 각기 다르다. 유전자, 선천적인 운동신경, 나이, 체력 수준, 부상 이력 등과 같은 요인에 따라서 사람마다 운동을 배우는 시간이 정말 다르다. 사실 가장 겁나는 사람은 어떤 운동을 시작하든 금방 섭렵하고 잘하는 사람들이다. 주변에서 그런 사람을 보면 처음엔 정말 부러워했다. 그런데 이렇게 빨리 운동을 배우고 잘하는 사람 대부분은 금방 질려하며 운동을 지속하는 사람들이 많지 않다. 불이 확 붙었다가 금방 꺼지는 모양새다. 그래서 나는 내 스타일이 맘에 든다. 한번에 금방 잘하지는 못하지만 꾸준함이 있다. 조금씩 아주 조금씩 나아지는 것을 목표로 한다.

미국에 와서 요가 클래스에 간 적이 있다. 한국에서 요가 클래스에 갔을 때는 대부분이 여성이었고, 그것도 대체로 날씬한 사람들만 있었다. 뚱뚱한 사람은 거의 보지 못했다. 그런데 미국에서 요가 클래스에 갔더니 남자도 많고 뚱뚱한 사람도 많았다. 요가 동작 중 가장 쉬운 단계를 어려워하는 사람도 많았다. 그래도 이 사람들은 다른 사람의 시선을 의식하지 않고 열심히 한다. 다른 사람들이 다리 펴고 앉아서 손끝을 발끝에 닿도록 하는 포즈를 취할 때, 허리가 잘 안 굽혀져 무릎 정도에 간신히 손이 닿는 사람도 있었다. 그래도 개의치 않는다.

이때 요가 선생님이 이렇게 말씀하셨다. "사람마다 선천적으로 유연성이 다르고, 또 연습량이 다르기 때문에 어떤 동작을 완성해가는 과정 또한 다 다릅니다. 뻣뻣한 사람들은 오징어처럼 유연한 사람이 부럽겠지만 뻣뻣한 사람은 조금만 움직여도 그 역치에 쉽게 다다르게 됩니다. 반면 유연한 사람은 그 역치에 다다르려면 너무 어렵죠. 같은 동작을 할 때 어떤 사람은 조그만 동작으로, 어떤 사람은 깊은 동작으로 합니다. 유연성이 적은 사람들은 깊은 동작 대신 작은 동작을 해도 그 운동 효과는 같거나 더 클 수 있어요. 그러니 뻣뻣하다고 쑥스러워하지도 말고 내 몸만 의식하면서 하면 됩니다."

남들과 나를 비교하면 우선 자신감이 없어지고 자존감이 바닥에 떨어진다. 또한 어떤 것을 성취했을 때도 성취의 기쁨을 제대로 느끼지 못하게 되어 결국은 동기부여가 안 된다. 운동에서도 마찬가지다. 동기부여가 안 되면 사실 운동을 꾸준히 지속하기가 어려워 결국 운동을 중단하게 된다. 또 하나, 남들과 비교하면 운동의 목표치를 너무 비현실적으로 높게 잡게 된다. 남들을 보면서 그의 목표를 나의 목표로 삼는 것이다. 나도 1년 뒤에는 5단이 되어야지, 나도 30일 뒤에는 다리를 180도로 찢어야지, 한 달 안에 나도 앞으로 굽히기를 할 때 종이 접듯 몸을 완전히 접어야지 등등.

남들의 목표는 남들의 것이다. 내 몸이나 능력과 상관없이 타인의 목표를 기준으로 내 목표를 정하면 이 또한 동기 저하의 요인이 된다. 남들처럼 목표 달성을 빨리 못하는 자신에게 실망하게 되기도 하고, 또 남들과 비교해서 무리하게 운동하다 부상을 당하기도 한다. 무엇보다 가장 큰 문제는 남들과 비교하게 되면 운동 자체가 재미가 없어진다는 점이다. 운동하는 게 스트레스가 되고 만다. 일에서 받는 스트레스도 엄청난데 운동에서까지 스트레스를 받아야 한다고 생각하지 않는다. 남들을 보지 말고 나에게 초점을 맞춰야 하는 이유다.

나에게 집중하는 법

그러면 어떻게 남들을 신경 쓰지 않고 내 몸과 나에게만 집중할 수 있을까? 일단 마음가짐이 중요하다.

첫째, 모든 사람은 다르다는 것을 인정하는 것이다. 나와 다른 사람을 비교하는 것은 사과와 오렌지를 비교하는 것과 같다. 내 실력 향상의 목표는 남이 아니라 나를 기준으로 설정해야 한다. 나의 큰언니는 선천적으로 몸이 뻣뻣해서 발톱을 깎으려면, 손이 발에 닿지 않아 매번 낑낑댔다. 땀을 흠뻑 흘린 다음에 발톱 하나를 간신히 깎았다. 옆에서 보기에 정말 안쓰러울 정도였다. 당시 큰언니의 목표는 요가 최종 단계에 있는 유연성이 아니라, 손이 발끝에 닿아서 발톱을 깎을 정도로 유연해지는 것이었다. 물론 지금은 운동을 꾸준히 한 덕에 발톱 정도는 수월하게 깎는다.

둘째, 작은 성공을 축하해주자. 빠른 시일 내에 운동을 잘하게 되는 것보다 꾸준히 노력하면서 나만의 의미 있는 발전을 축하하는 게 중요하다. 나도 1킬로그램 덤벨로 근력운동을 할 때 3킬로그램 덤벨로 같은 동작을 하는 여성을 보면 기가 죽었었다. 그래도 꾸준히 근력운동을 하니, 어느덧 2킬로그램, 3킬로그램으로 무게를 늘려가게 되었다. 작은 성취였지만 기뻤고 이런 변화가 지금까지 근력운동을 계속할 수 있는 동력이 되었다.

셋째, 내 몸에 귀를 기울인다. 운동 중에 내 몸이 어떻게 느껴지는지 주의를 기울이고, 몸의 느낌에 따라 운동의 강도와 속도를 조절하자. 정수리부터 발끝까지 내몸 부위부위에 집중하며 느껴보는 것이다. 다른 사람을 따라잡기 위해 자신을 과도하게 밀어붙이면 부상으로 이어질 수 있으니 내 몸의 한계 안에서 차근차근 해나가면 된다. 뻣뻣하고 남들보다 발전하는 속도가 느리다고 창피해할 이유가 없다. 나의 한계를 존중하고 나에게 맞는 운동량과 강도를 찾아야 한다.

넷째, 외적인(몸) 목표 이외에 마음과 기분에 대한 목표도 생각해본다. 운동은 육체적인 변화를 가져주기도 하지만, 기분이나 에너지에도 영향을 미친다. 여기에도 집중해볼 필요가 있다. 운동을 통해 에너지가 증가하거나, 활력이 돌거나, 기분이 좋아지거나, 수면의 질이 좋아질 수 있다. 이런 내적인 변화도 함께 관찰해보자.

우리는 365일 스트레스에 둘러싸여 있다. 운동하는 시간만이라도 스트레스에서 벗어나 즐겁게 해야 한다는 게 내 지론이다. 《남의 체력은 탐내지 않는다》라는 책의 제목 처럼 남과 비교하거나 경쟁하려 들지 말고, 오롯이 나에게 집중하자. 내 몸과 마음이 어떤 자극을 받고 어떻게 변화하는지를 살피는 게 최우선 목표다.

현대인의 심각한 질병
스크린 무호흡증

"이메일을 읽는 동안 호흡이 멈춘다."

"스크린 타임은 새로운 흡연이다."

〈뉴욕타임스〉에서 '스크린 무호흡증'에 대한 기사를 읽다가 '헉!' 할 정도로 놀랐다.

요즘 우리의 일상은 어떤가. 노트북에는 탭 제목이 안 보일 정도로 많은 창이 띄워져 있고, 채팅창도 대여섯 개가 동시에 열려 있다. 지속적으로 카톡이나 링크드인을 들락거리며 업데이트 소식을 받는다. 잠깐 쉬러 화장실을 가거나 커피를 마시러 직원 휴게실을 가는 길에도 스마트폰을 켜고 인스타를 확인하고 유튜브 쇼츠를 본다. 우리의 디지털 스크린 일상이다. 이처럼 우리 대부분은 아침에 눈을 뜬 순간부터 잠들기 직전까지 스크린에서 눈을 떼지 못한다. 그런데 이렇게 스크린에 몰입하는 동안 우리의 호흡은 멈춰지고 숨은 얕아진다고 〈뉴욕타임스〉 기사는 말한다. 우리 자신도 눈치채지 못하는 사이 말이다.

현대인이 앓는 병, 스크린 무호흡증

2007년 전 마이크로소프트 임원이었던 리나 스톤은 어느 날 이메일 작업을 하다가 빈혈기를 느끼면서 자신이 이메일을 쓰고 있는 동안 호흡을 멈추고 있다는 것을 자각했다. 그리고 며칠 동안 본인의 호흡을 관찰하면서 이 현상이 일시적인 것이 아니라 반복되고 있다는 것을 발견했다. 그는 스크린을 보지 않을 때의 일상 호흡과 모니터 앞에서 일할 때의 호흡이 완전히 다르다는 것을 깨달은 것이다.

이 일이 있고 나서 스톤은 7개월 정도 다른 사람들도 자신과 같은 현상을 겪고 있는지 연구했다. 친구들의 경우 간단한 테스트기를 부착토록 해서 심박수와 심장 박동 변동성을 관찰했다. 그런데 무려 80퍼센트의 피관찰자들이 컴퓨터로 작업을 하는 동안 무호흡증을 경험한 것이 드러났다. 이는 엄청난 수치다.

이렇게 해서 '이메일 무호흡증'이라는 개념이 처음 나왔고, 향후 이런 증상을 좀 더 확장된 개념으로 지칭하면서 '스크린 무호흡증'screen apnea이라는 명칭이 붙었다. 스크린 무호흡증을 가리키는 영어 단어 중 'apnea'의 그리스 어원을 보면 'a'는 'not(없는)'을, 'pnea'는 'breathing(호흡)'을 뜻한다. 'breathless', 즉 '호흡이 없는'이라는 뜻이다. 다시 말해 스크린 무호흡증은 모니터 화면 앞에서 일하거나 디지털 콘텐츠를 보면서 시간을 보낼 때 호흡이 일시적으로 중단되거나 얕아지는 것을 말한다.

이 〈뉴욕타임스〉 기사를 읽은 후 나도 일하는 동안 내 호흡을 주의깊게 관찰해봤다. 이메일을 쓰고 채팅을 하고 유튜브를 보는 며칠 동안 나 자신을 관찰해보니, 가만히 앉아 있었음에도 갑자기 숨이 차서 후흡 하고 긴 숨을 들이마시곤 했다. 지금도 글을 쓰려고 한창 집중해서 온라인 리서치를 하다 보면 금방 숨이 가빠지는 걸 느낀다. 이런 증상을 확인한 후 카페에 가서 다른 사람들도 유심히 지켜봤다. 노트북 앞에서 뭔가 열심히 일하고 있는 사람, 스마트폰을 보고 있는 사람들 중 많은 사람이 일시적으로 숨을 참는 것처럼 보였다. 이들도 일종의 무호흡 상태에 있는 것일지 모른다.

스크린 무호흡증은 컴퓨터, 노트북, 스마트폰을 끼고 사는 디지털 시대의 모든 사람이 대부분이 겪고 있다. 화면을 보는 동안 우리는 깊게 호흡하지 않는다. 이는 우리 몸 안에 산소 공급을 저해하고 혈압을 상승시킨다고 한다. 그뿐만이 아니다. 만성적인 스트레스, 불안 등 심리적인 문제를 일으키고, 나아가 심부전, 심장 등의 신체 질환 위험도 증가시킨다고 한다.

이런 식의 만성적인 호흡 중단은 궁극적으로 건강을 해치고, 피로를 유발하며, 업무 성과까지 저해할 수 있다. 더 겁났던 것은 스크린 무호흡증이 흡연과 동등하거나 더 나쁠 수 있다는 일부 연구 결과다. 그래서 이 스크린 무호흡증을 '새로운 흡연'이라고 부른다고 한다.

지금 우리에게 필요한 것은 디지털 디톡스

현대인이라면 컴퓨터, 노트북, 스마트폰을 멀리하기 어렵다. 그렇다고 스크린 무호흡증을 방치할 수는 없다. 다행히도 브라이언 로빈슨 박사Bryan Robinson, Ph.D.가 무호흡증 예방 팁을 몇 가지 소개해주었는데, 그중 아래 세 가지는 우리가 쉽게 할 수 있는 것들이다.

첫째, 하던 일을 멈추고 의식적으로 자신의 숨을 들여다봐라. 그리고 복식 호흡을 해라. 스크린 무호흡증이 올 때는 숨을 쉬어도 얕게 쉬기 때문에 어깨만 달싹거릴 뿐 폐 깊숙히 공기가 들어가지 못한다. 복식 호흡을 통해 뇌에 더 많은 산소를 들여

보내면 부교감신경계(스트레스 반응을 상쇄하는 휴식 및 소화 반응)를 활성화한다고 한다.

이 책을 읽고 있는 지금 이 순간 여러분의 호흡을 들여다보라. 숨이 가슴 위에서 가볍게 나오는지 아니면 깊은 복부에서 나오는지, 빠른지 혹은 느린지 말이다. 가슴 위쪽에서 얕게 숨 쉬는 것 같다면 일부러 배를 쭉 내밀고 복식 호흡을 한번 해보면 좋다. 스트레칭도 좋다. 일어서서 깊게 숨을 쉰 후에 몸을 흔들고, 비틀며 쌓인 긴장을 풀어주자. 몇 초 동안 높이 손을 뻗어보기도 하고, 몸을 길게 늘여보기도 한다. 긴장을 느끼는 신체 부위를 흔들어보는 것도 좋다. 목을 돌려보고 허리도 돌려본다. 의자에 앉아 있다면 몸을 앞으로 구부려 발가락을 만져보는 방식으로 스트레칭을 할 수 있다.

둘째, 몸을 움직여라. 통계에 따르면 단지 몸을 조금 움직이는 것만으로도 심장 마비 확률을 92퍼센트까지 줄일 수 있다고 한다. 그러니 한 자세로 움직임 없이 너무 오래 앉아 있지 말아야 한다. 움직이면 신체적 긴장과 정신적 스트레스도 사라진다. 전문가들은 책상 앞에 앉아 있는 것보다 서 있는 것이 도움이 된다고 말하기도 한다. 나는 집에 책상이 두 개 있는데, 마루에는 일반 책상 그리고 서재에는 서서 일하는 스탠딩 책상을 구비해놓았다. 그래서 하루 종일 글을 쓰는 날에는 오전, 오후 방을 바꿔가면서 일한다. 몸이 나른해지는 오후에는 스탠딩 책상을 사용해 몸이 늘어지는 것을 방지하기도 하고, 노트북 앞에서 일하면서 스트레칭을 더 자주 하기도 한다. 앉아 있지 않는 것만으로도 운동의 혜택을 볼 수 있다.

셋째, 자연 속을 걸어보자. 집에서 나가 근처에 나무가 있는 곳을 거닐어보자. 한때 '경이로움을 느끼는 산책'awe walk이라는 개념이 유행했었다. 자연 속에서 설렁설렁 느리게 걷는 산책을 말하는데 자연 속을 거닐며 자신의 주의를 의도적으로 외부, 자연환경으로 돌리는 것이다. 머릿속을 짓누르고 있는 프로젝트 마감일, 보고서, 상사와의 관계 등에서 잠시 떠나 있어보자. 이런 산책은 몸을 움직이게 해서 호흡을 개선하기도 하고 마음도 맑게 해준다.

모니터 피로감이 점점 더 심해지는 요즘 나는 이 예방법들을 자주 상기하며 지키려고 노력하고 있다. 디지털 기기에서 떨어져서 해독한다는 '디지털 디톡스'를 짧게라도 습관화하는 것이다. 일하다가 1시간에 한 번씩 고개를 들거나 자리에서 일어나 창밖의 먼 산을 바라보며 눈의 피로를 덜어내고, 스트레칭으로 긴장된 어깨와 목 근육을 풀어준다. 그리고 의도적으로 호흡을 깊고 길게 내쉬고 들이마신다. 특히 일하다 호흡이 너무 멎는 것 같거나 숨이 가빠진다고 느껴지면 잠시 모니터를 끄고 계단을 이용해 다른 층에 있는 직원들을 만나러 간다. 또 화장실을 다녀오거나 휴게실을 한 바퀴 돈다. 집에서는 부엌으로 가서 물을 한 잔 마시고 온다. 지하철을 탈 때도 스마트폰을 보지 않으려고 한다. 그냥 아무것도 하지 않고 멍하게 1분 정도 있는 것도 좋다. 이렇게 의식적으로 머리를 비우는 것이다.

여러분들도 일을 하다 순간 호흡을 멈추고 있다는 것을 느끼면 오늘부터 바로 자리에서 일어나보기도 하고, 숨을 깊게 쉬어보기도 하자. 출퇴근길 지하철이나 버스에서 스마트폰을 들여다보는 대신 시선을 멀리 해보고 숨을 깊게 쉬어보자. 스크린 무호흡증에서 자유롭지 않은 현대인, 건강을 위해 우리가 취할 수 있는 대안은 많다.

운동이 선사하는
사회적 관계와 그 힘

로이스: 오늘 오시는 거죠? 이따 도장에서 봬요!

검도 동료 써니: 앗, 로이스 님, 오늘은 귀찮음병이 도져서 갈까 말까 했는데, 가야겠네요! 이따 봬요!

검도 동료와 내가 주고받은 문자다. 우리는 서로 이런 문자를 주고받는다. 게으름이 몰려올 때 이런 문자를 받으면 격려가 된다. 또 운동하러 갈까, 말까 하는 마음이 생길 때 일부러 운동 동료에게 같이 가자고 문자를 보낸다. 그러면 나도 고민하지 않고 바로 운동하러 가게 된다. 만약 운동하다가 자꾸 게으름에 발목이 잡히고 혼자 운동 습관을 꾸준히 유지하기 어려울 때는 운동을 같이하는 사람에게서 동기를 찾아보자. 이런 동료를 운동 버디 gym buddies라고 부른다. 물론 운동 버디는 금방 만들어지지 않는다. 나도 검도를 시작하고 1년 정도 지나서야 친구들이 생기기 시작했다.

운동을 오랫동안 또 재미있게 하는 데는 뭐니 뭐니 해도 사람의 힘이 필요하다. 운동에서도 사람과의 관계를 잘 맺어두면 여러 가지 장점이 있다.

첫째, 운동하는 책임감이 증가하면서 운동을 더욱 꾸준히 하게 된다. 비만 저널Journal Obesity에 발표된 연구에 따르면 친구나 파트너와 함께 운동하는 사람들은 혼자 운동하는 사람들보다 꾸준히 포기하지 않고 운동을 지속하는 비율이 42퍼센트 정도 높았다고 한다.

둘째, 주변에서 으쌰으쌰 하며 한마디 해주는 게 힘이 되고 격려가 된다. 상대방이 "오늘 두 번째 머리 공격이 아주 정확하게 들어왔어요." 혹은 "실력이 많이 좋아졌어요."라고 한마디 해주면 기분이 날아간다. 이보다 더 좋은 격려가 있을까. 나의 운동에 대한 향상과 진전을 알아채서 말해주고 축하하는 사람이 있다는 것을 알면 자신감도 더 높아진다.《스포츠 및 운동 심리학 저널》Journal of Sport and Exercise Psychology에 발표된 연구에 따르면 친구나 동료에게서 받는 정서적 지원은 운동을 계속하는

데 도움이 되며, 친구와 함께 운동하는 사람은 혼자 운동하는 사람보다 20퍼센트 정도 더 많이 운동을 한다고 한다.

셋째, 사람 만나는 즐거움을 느껴보자. 미국에서도 검도장에서 만난 네 명의 모임이 있다. 일명 '4Girls'로 그룹챗을 만들어 1주일에 한두 번 서로의 안부를 묻고 한 달에 한 번 정도 따로 만남을 가진다. 맛집 투어를 하거나, 장을 같이 보러 가거나, 1박 2일로 여행을 가기도 한다. 검도 운동 자체가 지루해질 때도 있지만 그럴 때면 이들을 만난다는 생각에 그 지루함도 잊혀진다. 어떤 운동이든 지루해지는 순간이 찾아온다. 그럴 때 운동을 그만두지 않고 계속하는 게 중요하다. 이때 함께 운동하는 동료만큼 큰 힘이 되는 존재가 없다.

한국에서 검도를 시작하고 1년이 채 안 되었을 때였다. 운동만 하면 될 일이지 왜 또 만나서 커피를 마시고 저녁 뒤풀이까지 하는지 이해하지 못했다. 더군다나 저녁 뒤풀이 장소에서 내내 검도 얘기만 하는 것도 도무지 이해할 수 없었다. 한번은 다른 화제로 전환하려고 마주 앉은 검도 동료에게 "무슨 일 하세요?"라고 물은 적이 있다. 아뿔싸. 그 동료는 핵융합 리서처여서 그 뒤 1시간 동안 검도 얘기보다 더 어렵고 지루한 얘기를 들어야만 했다.

그런데 1년이 가고 2년째 들어서면서 나도 조금씩 그런 도장 문화에 익숙해지고 있었다. 검도장도 익숙해지고 동료들과도 친해지니 뒤풀이도 재미있어졌고, 거기서 나누는 검도 이야기도 좋았다. 그 자리를 통해 검도란 운동을 더 깊고 폭넓게 알게 되기도 했고 특정 동작을 어떻게 해야 좋은지 자잘한 팁들을 배우기도 했다.

그뿐만이 아니다. 나는 검도장에서 함께 수련하는 영어 강사를 알게 되어 그에게 10년 가까이 영어 강습을 받았다. 또 우연히 대금을 전공한 검도장 동료가 있어서 그에게 무료로 대금 수업을 받기도 했다. 또 어느 대기업에 다니는 검도 동료는 리더십이나 회사 조직문화에 관한 멘토링을 내게 요청했고, 젊은 친구들은 취업조언을 구하기도 했다. 도장 회식이 너무 늦어진 날은 도장에서 잠깐 잠을 잔 적도 있다. 도장에서 숙식, 취미, 영어 활동까지 모두 해결했으니 검도장 동료들은 회사 동료 이상으로 친해질 수밖에 없었고 우리는 서로를 챙겨주는 사이가 되었다. 운동을 통해 회사에서 쉽게 만나지 못하는 다양한 사람들과의 네트워크를 형성한 것이다.

그러니 운동을 인간 관계를 넓히는 계기로 활용해보기를 권한다. 운동만 하고 오는 것보다 나와 같은 운동을 하는 사람들이 어떤 사람들인지 호기심을 갖고 알아가 보자. 학교나 회사에서 만날 수 없는 다양한 사람을 만날 수 있게 된다. 혼자 달리고, 혼자 덤벨로 운동하고, 혼자 홈트를 하는 것도 좋지만 새로운 관계가 주는 힘을 마다하지 말고 적극적으로 느껴보자.

운동에도 중요한
'간지'와 '각'

　　예전에는 등산을 가면 단체로 맞춰 입은 양 비슷한 등산복을 입으신 어르신들이 대다수였다. 그런데 5년 만에 한국에 들어와서 등산을 가보니 젊은 친구들이 많았다. 무엇보다 이들의 옷차림이 눈에 띄었다. 여성은 레깅스에 긴 양말을 신고 남성은 레깅스 위에 헐렁한 반바지를 덧입는다. 매일 올림픽공원에서 달리다 보면 화려한 옷차림새를 한 러닝크루들 역시 자주 보게 된다.

　　이전과 다르게 운동 패션이 정말 다채로워졌음을 느낀다. 나도 옷장 문을 열면 등산 관련 기능성 옷이 반 이상을 차지한다.

이젠 동네 뒷산을 올라도 폼새가 중요해졌다.

폼이 나고 각이 살면 운동도 더 잘 된다

사실 나도 폼을 좀 중요하게 생각한다. 다른 폼이 아니라 운동하는 폼 말이다. 멋진 폼의 기본은 '제대로 배운 운동 자세'에서 나온다. 나는 새로운 운동을 배울 때 '야매'보다는 전문가에게 배우려고 한다. 제대로 된 폼과 자세가 중요하다고 믿기 때문이다. 인라인스케이팅을 배울 때, 마라톤을 시작할 때, 등산을 시작할 때, 스노보드를 배울 때, 검도를 배울 때, 또 수영을 배울 때도 그랬다. 제대로 된 폼과 자세가 나와야 운동하는 모습이 보기 좋다. 그뿐만 아니라 자세가 좋아야 부상 없이 운동을 할 수 있고, 운동 효과도 제대로 볼 수 있다.

그다음이 운동복이나 장비다. 운동하는 사람들을 크게 두 부류로 나눌 수 있다. 한 부류는 어떤 운동을 시작하기 전에 장비발을 세우는 그룹이다. 이들은 일단 최고의 장비를 구비해야 운동할 준비가 되었다고 생각한다. 또 한 부류는 전혀 장비에 관심이 없는 부류다. 그저 편안한 차림이면 아무 상관이 없다고 생각한다. 이들은 요가, 조깅, 등산 등 운동 종목을 막론하고 대개 트레이닝복이나 흰 티에 면바지를 입는다.

내가 그 운동을 좋아할지 안 좋아할지, 또 계속할지 어떨지를 모르는 초심자 시절부터 너무 비싼 고가의 장비나 옷을 사는 것은 반대한다. 하지만 무슨 운동을 해도 반팔 티에 반바지 혹은 트레이닝복을 입는 것도 추천하지 않는다. 지하철에서도 등산복, 시장에서도 등산복, 조깅하면서도 등산복, 심지어 헬스장에서도 등산복 패션을 하는 등 일상 모든 활동에 등산복을 입는 어르신 들을 자주 본다. 물론 기능성 등산복이 편해서일 것이다. 하지만 기본적으로 운동할 때는 적당한 '간지'를 갖추는 것이 중요하다고 생각한다. 무엇보다 운동할 때 '각'이 나와야 재미가 있다. 운동 그 자체가 주는 즐거움도 있지만, 운동하는 내 모습을 보면서 자존감을 느끼는 면도 있기 때문이다.

명품이나 비싼 제품을 착용하라는 말이 아니다. 그 운동에 적합한 옷과 신발, 도구를 갖춰야 한다는 말이다. 그래야 운동 효과를 높일 수 있고 제대로 동기부여를 할 수 있다. 내 옷장 한쪽에는 검도복들이 자리를 차지하고 있다. 남들 눈에는 같은 검도복이지만 아주 미세하게 다른 도복들이 상하 다섯 벌 정도 구비되어 있다. 그 옷들에는 도복이 주는 멋짐, 폼나는 맛이 있다.

나는 검도 운동을 하기 전에 검도복으로 갈아입고 거울 앞에 선다. 옷을 제대로 갖춰 입었는지, 도복 하의는 칼주름으로 잘 접혀 있는지, 상의는 구김 없이 잘 여며졌는지, 허리는 잘록하게 잘 매어졌는지 등을 살펴본다. 거울에 비친 내 모습을 보면

서 흡족한 웃음을 짓는다. 내가 봐도 멋지다! 이런 만족감은 운동 동기에 영향을 미친다. 또 옷매무새를 다듬으며 마음을 정돈하는 효과도 있다.

한때 내 검도장 밴드방 아이디가 '뒷태가 알흠다운 검도인'이기도 했다. 운동할 때 '각'이 나와야 상대방의 '기'를 꺾을 수 있다. 여기저기 구겨지고 더러워진 도복을 입고 마주 선 상대방에게서는 위용이나 위압감을 느끼지 못한다.

매일 새롭게 동기부여 하는 법

큰언니는 배드민턴을 친다. 언니 옷장 서랍을 열면 배드민턴 유니폼이 스무 벌 이상은 나온다. 옷가게를 가도 눈에 들어오는 건 유니폼이란다. 나는 "옷을 또 사?"라고 묻곤 하는데, 그럴 때마다 언니는 "저번 건 주머니가 없었어. 이건 주머니가 있잖아."라며 차별점을 말한다. 물론 아주 비싼 건 아니다. 이렇게 자기가 좋아하는 유니폼을 매일매일 바꿔 입고 운동하는 게 동기부여가 된단다. 그렇게 자신에게 스스로 자극을 주고 동기를 부여할 수 있다면 그것도 좋은 방법이라고 생각한다.

실제로 운동할 때 그 운동에 맞는 옷을 입는 것은 여러모로 중요하다. 이는 운동과 심리학의 관계 연구에서도 많이 거론되는 이야기다.

- 동기부여 및 운동 지속률: 미국 운동위원회American Council on Exercise, ACE가 실시한 조사에 따르면, 특정 운동을 위해 특별히 제작된 운동복을 입은 사람들이 높은 수준의 동기를 얻고 즐거움을 느낀다고 답했다. 구체적으로, 응답자의 75퍼센트가 그 운동을 위해 디자인된 운동복을 입으면 정기적으로 꾸준히 운동하는 동기가 증가했다고 답을 했다.
- 심리적 효과: 《스포츠 및 운동 심리학 저널》에 발표된 연구는 운동복이 운동 성과에 미치는 심리적 효과를 조사했다. 그 운동에 맞는 운동복을 입은 사람들과 평상적인 트레이닝 복을 입은 사람들을 비교해봤을 때 특정 운동에 필요한 운동복을 입은 사람들이 20퍼센트 정도 덜 피로하게 느꼈다고 한다.
- 자존감 향상: 캘리포니아 대학 버클리 캠퍼스의 연구원들이 진행한 종단 연구에서는 참가자들을 6개월 동안 추적해 운동을 하는 데 있어 의상 선택과 자아 존중감 사이의 관계를 평가했다. 이 연구에 따르면 자신감과 편안함을 느끼게 해주는 운동복을 입은 사람들이 그렇지 않은 사람들에 비해 전반적인 자존감이 15퍼센트 증가했다.

나는 운동을 처음 시작할 때부터 고가의 장비를 사는 부류는 아니다. 초심자에 맞는 것을 사고, 운동에 보다 진지해지면 그 수준에 맞춰 장비를 교체한다. 검도를 맨 처음 시작할 때는 기성 제품으로 보호 장비와 검도복을 샀지만, 유단자가 되고 나서는 호구도 좀 더 좋은 수제품으로 업그레이드했다. 도복도 가격이 조금 더 비싸도 실루엣이 예쁜 도복을 해외에서 공수해서 입는다(그렇다. 예쁜 게 따로 있다!). 이 자체만으로 행복감이 커지고, 운동을 더 사랑하는 동력이 된다.

등산이나 백패킹 제품도 마찬가지다. 처음엔 대중적인 등산 장비로 시작했다. 하지만 백패킹에 재미를 붙여가면서 텐트, 침낭, 슬리핑 패드, 등산화 등을 구입할 때 고성능 초경량의 제품을 구입하는 등 성능에 집중해서 장비를 업그레이드했다.

처음부터 지나치게 고가의 장비가 필요 없는 이유는 그 운동이 맞지 않거나 다른 사정이 생겨서 못 할 경우가 있기 때문이다. 장비에 들인 돈이 아까워서라도 그 운동을 계속할 거라고 생각하는 사람이 있지만 현실적으론 그렇지 않다. 그러니 어느 정도 해보고 그 운동을 장기적으로 할 생각이 있을 때, 또 본인의 실력이 한두 단계 올라섰을 때 조금 더 비싼 제품으로 업그레이드해도 늦지 않다. 반면 그 운동을 꾸준히 할 가능성이 보이면 그때 좀더 좋은 장비나 운동복으로 업그레이드하는 것을 고려해볼 수 있다.

운동도 스낵처럼 미니미니하게

사실 바쁜 현대인들이 매일 1시간 혹은 2시간을 내어 운동하기란 쉽지 않다. 그래서 간식 먹듯 가볍게 한다는 의미에서 '스낵운동'snacking exercise이라는 접근법이 등장했다. 스낵운동은 하루 1~2시간 동안 하는 것이 아니라, 10분 정도 틈새 시간을 이용해 잠깐씩 할 수 있는 운동이다. 일상에서 짧은 시간 동안 분산해서 운동하며 체력을 유지하는 효과적인 방법 중 하나다.

짧지만 효과는 강력한 스낵운동

스낵운동은 작은 단위의 운동을 여러 번에 걸쳐 수행한다. 이 미니 운동에는 고강도 인터벌 트레이닝High-intensity interval training, HIIT부터 스쿼트나 푸시업과 같은 간단한 체중 운동, 또는 빨리 걷기와 같은 다양한 운동이 포함될 수 있다.

구글 서울 오피스에 근무할 때 오후 3시쯤이 되면 맨손 체조를 같이하는 프로그램이 있었다. 헬스 트레이너가 사무실을 방문해서 10분 정도 함께 체조를 한다. 사실 잠깐 하는 운동이 얼마나 효과가 있을까 싶었는데, 생각보다 효과가 커서 놀랐다. 스트레칭을 포함한 맨손 체조를 10분 남짓 했는데도 몸에 에너지가 돌고 집중력도 높아졌다.

대기업 임원인 친구가 있다. 최근 회사 일로 부쩍 바빠진 그는 출근 전이나 퇴근 후에 헬스클럽에 갈 시간을 내기 힘든 상황이었다. 운동을 꼭 하는 게 좋겠다는 내 얘기를 듣고 그는 사무실에 팔굽혀펴기 손잡이를 갖다 놓았다고 한다. 그리고 회의와 회의 사이에 10개에서 20개 정도 팔굽혀펴기를 한다. 점심먹고 들어와서 10분 정도, 그리고 오후 3~4시쯤 자리에서 일어나 스트레칭을 한다. 그는 잠깐의 운동이지만 운동을 시작하고 나서 에너지 수준이 올라가고, 업무 집중도도 높아졌다고 했다. 3개월 꾸준히 한 결과 어깨와 팔 근육이 단단해졌다며 자랑했

다. 나도 이 이야기를 듣고 난 후엔 팔굽혀펴기 기구를 사무실과 집에 두고 화장실 갔다 올 때마다 한 세트씩 하고 있다.

과학적 연구 결과로 본 스낵운동 효과

짧은 시간의 운동이라고 결과를 과소평가해서는 안 된다. 과학적 데이터도 스낵운동의 효과를 보여준다.

- 심혈관 건강 개선: 《응용생리학저널》Journal of Applied Physiology 에 발표된 연구 결과에 따르면, 짧은 고강도 운동은 심혈관 건강을 크게 개선한다. 10분씩 세 번의 고강도 운동을 한 참가자들은 30분 동안 연속으로 운동을 한 참가자들과 유사한 효과를 경험했다.
- 혈당 조절 향상: 《당뇨병학 저널》Diabetologia에 발표된 연구 결과에 따르면, 하루 종일 짧은 운동을 여러 번 하는 것이 한 번의 연속 운동보다 혈당 수치를 관리하는 데 더 도움이 되는 것으로 나타났다. 짧은 시간 동안 활동한 참가자들은 식후 혈당 수치가 더 낮았다.
- 대사율 증가: 《스포츠 의학과 건강학 저널》Journal Sports Medicine and Health Science에 따르면 발표된 연구 결과에 따르, 미니

운동이 대사율을 높이는 데 효과적인 것으로 나타났다. 짧게 자주 운동한 참가자들은 연속적으로 오래 운동한 참가자들보다 하루 동안 더 많은 칼로리를 소모했다.

효과적으로 스낵운동하는 법

스낵운동을 효과적으로 하려면 어떤 방법이 있을까? 간략하게 몇 가지를 살펴보자.

- 아침 루틴: 아침에 일어났을 때 혹은 출근 후에 스트레칭으로 하루를 시작해보자. 아침 몇 분간의 활동은 하루를 활기차게 시작하는 데 도움이 된다.
- 직장에서의 틈새 시간 또는 휴식 시간: 점심시간 혹은 잠깐의 휴식 시간을 이용하면 좋다. 사무실을 이동할 때 계단을 이용하거나 스콰트, 팔굽혀펴기, 플랭크 등을 해보자.
- 집안일을 하며: 집안일을 할 때 짧은 운동을 병행하면 좋다. 예를 들어 전자레인지가 돌아가는 동안 스콰트을 하거나 설거지를 하면서 뒤꿈치 들기를 하는 식이다.
- 저녁 시간: 하루를 마무리할 때는 짧고 차분한 운동 세션으로 마무리하라. 부드러운 요가나 스트레칭은 휴식을 돕고

수면의 질을 높여준다.

또한 효과적인 스낵운동을 위한 세 가지 팁이 있다.

- 알람을 설정하라: 스낵운동을 위한 알람을 설정하라. 바쁜 하루동안 운동하는 것을 까먹지 않게 한다.
- 다양하게 하라: 다양한 운동을 시도해 다양한 근육군을 타깃으로 하고 흥미를 유지하라. 짝수일과 홀수일에 운동을 다르게 해보는 것도 방법이다.
- 꾸준히 하라: 꾸준함이 핵심이다. 짧은 운동도 규칙적으로 하면 효과적이다.

스낵운동은 바쁜 생활 속에서도 짬짬이 신체 활동을 할 수 있는 매우 유연하고 효과적인 방법이다. 운동 시간을 관리하기 쉬운 시간 단위인 10분, 20분으로 나눠서 하자. 굳이 1시간, 2시간이라는 덩어리 시간을 내어 헬스클럽에 가지 않아도 운동 효과를 볼 수 있다.

운동 같지 않은 나노운동, 효과는 메가급

사무실에서 일하든 집에서 일하든 회사원 대부분은 늘 컴퓨터 앞에 앉아 있다. 출근한 이후 퇴근 때까지 회의실 옮겨 다니는 것을 제외하면 대부분의 시간을 앉아서 일한다. 앉은 자세로 모니터를 바라보며 장시간 근무하다 보면 눈도 뻑뻑해지고 어깨도 아프다. 키보드를 두드리는 손가락과 손을 지탱하는 손목도 욱신거린다. 그에 더해 오후가 되면 집중력도 현저히 떨어진다.

이럴 때 필요한 것이 '운동 같지 않은 운동', 즉 '나노운동'이다. 나노운동이란 일반적으로 몇 초에서 몇 분 이내로 수행할 수 있는 간단한 동작으로, 바쁜 일상 속에서도 꾸준히 신체 활동을 유지하고 건강을 증진하는 데 도움이 된다. 스낵운동이 틈새 시간동안 운동의 '빈도'를 늘리도록 강조한다면 나노운동은 '강도'가 낮은 운동이더라도 실천하는 것을 강조한다. 나노운동과 스낵운동은 서로 한 세트나 다름없다. 사실 운동이라고 말할 레벨이 아닐 수도 있지만 이 또한 무시할 것이 아니다. 잠깐씩 하는 소소한 운동이 스트레스로 가득한 몸에 자극을 주어 긴장을 풀어주고 머리도 맑게 해준다.

구글의 세르게이 브린에게 배운 나노운동

2007년 구글에 입사하고 가장 놀란 것 중 하나가 미팅하는 모습이었다. 일단 좁은 미팅룸에 많은 참석자들이 들어오는데, 옆 회의실 의자를 갖고 오거나 심지어 바닥에도 앉는다. 구글 창업자인 세르게이 브린Sergey Brin은 미팅에 들어오면 회의실 의자에 앉지 않았다. 뒤에 서 있거나 바닥에 앉곤 했다. 운동용 공이 있으면 공에 앉았다. 항상 목 한쪽이 늘어진 티셔츠를 입고 공에 걸터앉은 그의 격식 없는 모습도 좋았지만, 더 신선했던 것은 직원 전체가 모이는 타운홀 미팅 직전에 조깅을 하고 땀으로 목덜미가 젖은 운동복을 입고 나타나는 것이었다. 회의 중에는 회의실 바닥에 앉아서 스트레칭을 하면서 듣기도 했다.

그 후부터 나도 세르게이 창업자처럼 일상에서 순간을 포착해 몸에 자극을 주는 '운동 같지 않은 운동'을 하는 습관을 들였다. 물론 구글의 모든 미팅이 다 그런 형태는 아니지만 상당 부분은 자유로운 형태다. 나도 의자가 없을때는 바닥에 털썩 주저앉아 자리를 잡았다. 다리를 쭉 펴기도 하며 옆구리 스트레칭도 한다. 특히 우리나라 사람처럼 좌식 생활에 익숙한 이들은 바닥에 앉는 것이 훨씬 편하니 일석이조다. 큰 미팅룸에서 하는 미팅의 경우 나는 종종 서 있기도 한다. 프레스 행사에 참석할 일이 많기에 주로 뒤에 서서 '운동 같지 않은 운동'을 한다.

나노운동의 효과와 방법 알아보기

짧은 순간 간단히 하는 나노운동이 무슨 효과가 있을까 싶지만 생각보다 큰 효과가 있다.

첫째, 일을 하다 보면 기가 빨리는 경우가 많은데 나노운동은 에너지 수준과 집중력을 높이는 데 도움이 되며, 피로감을 줄여준다. 둘째, 신체 활동은 작든 크든 내분비 시스템을 활성화시켜 기분을 개선한다. 나아가 긴장 및 스트레스를 완화하고 긍정적인 태도를 유지하는 데 도움이 된다. 셋째, 작은 몸동작이라

해도 아무 움직임 없이 있을 때보다 우리 몸의 대사를 촉진해 칼로리 소모를 높일 수 있다. 장시간 앉아 있는 시간을 짧은 활동으로 바꿀 때 혈당 대사와 인슐린 민감도가 향상된다는 연구 결과도 있다. 물론 좀 더 적극적인 움직임인 계단 오르내리기나 걷기 등은 심혈관 건강에도 좋은 것으로 나타났다.

나노운동의 효과를 알아봤으니 일상에서 나노운동을 어떤 식으로 하면 좋을지, 그 방법들을 살펴보자.

첫째, 스트레칭이다. 이메일을 쓰거나 제안서 등을 쓸 때 잠시 키보드에서 손을 떼고 머리 위로 팔을 올려 스트레칭한다. 두 손을 맞잡아 위로 쭉 뻗어서 5초 정도 머문다. 그 후 좌우로 쭉 뻗은 채 5초 정도 머문다. 허리도 좌우로 돌려본다. 그리고 목도 앞과 뒤, 좌우로 돌려본다. 의자에 앉은 채로 다리도 쭉 펴본다. 자리에서 잠시 일어나 좌우로 몸을 돌려보는 것도 좋다. 이때 창밖의 먼 산을 바라보면서 심호흡을 세 번 정도 하고 자리에 앉는다.

정해진 틀이 있는 것은 아니니 자기만의 세트를 만들어 순서대로 하면 좋다. 나는 요가 매트를 사무실에 가져다 두고 몸이 피곤할 때쯤 요가 자세로 몸에 자극을 줘본다. 2~3분 정도로도 충분하다. 거창한 운동일 필요 없다.

둘째, 걸음 수를 늘리려 노력한다. 나는 걸음 수를 늘리기 위해 화장실도 돌아가고 웬만하면 계단을 이용한다. 현재 일하고 있는 회사 사무실은 4층에 있다. 걸어가기 딱 좋은 층수다. 출퇴근 할 때나 점심 먹으러 나갈 때, 2층에 있는 휴게실로 간식을 먹으러 갈 때 꼭 계단을 이용한다. 구글에서 일할 때도 같은 사무실에서 일하는 동료들과 하루 일정을 마치고 걸음 수를 비교해보면 늘 20~30퍼센트 많았다. 대학교처럼 수많은 건물로 이루어져 있는 구글 본사 캠퍼스에서도 웬만하면 걸어 다녔다. 일부러 다른 빌딩의 카페를 이용하거나 좀 더 걸어 다른 빌딩의 식당에서 점심 식사를 했다.

트레이더조에서 근무할 때도 부지런히 매장 안팎 여기저기를 왔다 갔다 하며 걸음 수를 늘렸다. 안전에 문제가 되지 않는 선에서 빠른 걸음으로 걷거나 뛰어다녔다. 8시간이 넘는 하루 일과를 끝내고 확인해보면 1만 5,000보에서 2만 보 가까이 걷는다. 이는 10킬로미터를 걷는 것과 맞먹는 걸음 수다. 일도 하고 걷기도 하니 일석이조다.

셋째, 의자에 바로 앉기다. 사무실에서 일하는 시간이 많은 직장인의 경우, 의자에 바로 앉는 것 자체가 큰 운동이 된다. 허리를 곧추세우고, 고개는 앞으로 빠지지 않도록 턱을 당겨서 앉는다. 다리는 양쪽 발을 모아서 앉거나 두 발이 땅에 균형 있게 닿도록 한다. 의식하지 않으면 얼굴이 모니터 쪽으로 쏠리며 거북목이 되기 십상이다. 다리를 꼬고 앉으면 골반과 척추가 삐뚤어진다. 한결같이 바른 자세를 하긴 어렵지만 생각날 때마다 의식적으로 앉은 자세를 체크하고 똑바른 자세로 고쳐 앉도록 한다.

넷째, 스탠딩 책상에서 서서 일하기다. 요즘엔 서서 일할 수 있도록 높이 조절이 가능한 책상을 제공하는 회사가 많다. 혹여 집에서 책상 앞에 앉아 일하는 시간이 많다면 높이 조절이 가능한 스탠딩 책상에서 일을 하라고 권하고 싶다. 서서 일할 경우도 마찬가지다. 올바른 자세로 서서 일하는 게 중요하다. 척추를 곧추세우고, 짝다리를 짚지 않으며, 양쪽 다리에 균형 있게 몸무게를 실어서 일한다. 사무실에서 나는 보통 오전에는 서서 일하고 오후 2시 이후에는 책상을 낮추어 앉아서 일하곤 한다. 집에도 스탠딩 책상을 두어 가급적 서서 일한다.

다섯째, '챌린지'를 시도해보자. 두 팔 벌려 높이뛰기, 즉 점핑 잭스, 런지, 팔굽혀펴기, 플랭크 등을 100일 챌린지 혹은 30일 챌린지 등의 앱을 활용하는 것이다. 앱은 첫날부터 조금씩 늘려가도록 프로그램이 짜여있어 연습을 도와주고, 카운트 및 시간을 체크해준다. 나에게 맞는 운동 종목을 선택해서 시도해보면 목표를 이루는데 많은 도움이 된다. 구글 동료 중에는 매일 푸시업 130개를 하며 그것을 자신의 소셜미디어에 100일간 올린 이도 있었다. 매일 푸시업을 꾸준히 하는 것도 중요하지만 이것을 다른 사람에게 알리는 것은 자신에게 동기를 부여해주는 방법이기도 하다. 한번은 백두산보다 높은 1만 피트 높이의 산으로 함께 등산을 간 적이 있는데, 그 위에서도 푸시업하는 영상을 찍어 기록으로 남겼다. 스스로에게 챌린지를 주면서 그것을 성취해내는 즐거움까지 얻은 것이다.

　나는 미국에 와서 다리 찢기 30일 앱Splits in 30days을 깔아서 해본 적이 있다. 매일 잊지 않고 꾸준히 하다 보니 조금씩 다리가 유연해지는 것이 느껴졌다. 물론 30일 만에 완벽하게 '일'(一)자로 자리가 벌려지지는 않았지만 처음 시작했을 때보다는 훨씬 유연해졌고, 그것이 내게 큰 희열을 주었다. 또 앞서 언급했듯 요즘은 사무실에서도 팔굽혀펴기 기구를 잘 보이는 곳에 두고 화장실에 갔다올 때마다 20~30개 정도로 한 세트를 한다. 화장실 가는 것만은 거를 수 없기에 늘 잊지 않고 하루 서너 번 정도 팔굽혀펴기 나노운동을 하게 된다.

준비운동의 중요성을
무시하지 마라

  17년 전 검도장 새벽반에서 운동하던 장면이 지금도 선명하게 생각난다. 몇 달 동안 안 나오던 검도장 동료가 오랜만에 도장엘 나왔다. 새 마음으로 다시 열심히 해보겠다며 오랜만에 만난 검도 동료들과 반갑게 인사를 나누고 본 연습에 들어갔다.

  그는 그동안 연습을 안 했더니 몸이 근질근질하다고 했다. 서로 돌아가면서 대련을 하는데, 그 동료가 갑자기 어쿠쿠 하면서 넘어졌다. 죽도에 잘못 맞았나 하고 놀라서 살펴보니 한쪽 다리를 짚을 수가 없다며 "아킬레스건이 끊어진 것 같아요."라고 했다. 발뒤꿈치 위쪽 근육에 손을 대봤는데, 거기 있어야 할 팽팽한 근육이 느껴지지 않았다. '아, 이런 게 아킬레스건이 끊어진다는 것이구나…' 그 말의 의미를 처음 알았다.

준비운동, 효과는 '준비' 그 이상

앰뷸런스를 급히 불러 동료를 병원으로 옮겼다. 나중에 들은 얘기로는 아킬레스건이 끊어져서 위쪽으로 말려 올라갔고, 급하게 수술을 했다고 한다. 그는 수술하고 나서도 회복 시간이 필요해 몇 달동안 운동을 하지 못했다. 그런데 더 큰 후유증이 있었다. 겁이 나서 다리 근육 쓰는 운동을 하지 못하겠다는 것이다. 아쉽게도 그 후로 그와 함께 검도할 기회는 없었다.

이처럼 욕심이 앞서 서둘러 운동을 할 때 자칫 안 하니만 못한 결과를 맞기도 한다. 아무리 급하더라도 준비운동을 꼭 해야 하며 특히 오랫동안 쉬었다가 운동을 다시 시작할 때는 운동 강도를 서서히 높여야 한다. 몸의 반응을 살피면서 근육이 놀라지 않도록 달래며 할 필요가 있다. 나도 30대 초반에 준비 없이 스노보드를 탔다가 뇌진탕과 손목 골절로 고생을 한 적이 있다. 그 이후부터는 부상을 당하지 않도록 만전을 기하면서 모든 운동을 하고 있다. 늘 조심을 해서인지 그 후로는 운동 때문에 부상을 당한 적이 없다.

시간에 쫓기며 살다가 1시간 정도 운동할 수 있는 여유가 생기면 점프하듯 운동에 뛰어드는 이들이 있다. 운동 시작 전 준비운동이 중요하고 운동을 한 다음에는 근육을 풀어주는 스트레칭이 중요하다는 것을 머리로는 알지만 시간이 아까워 건너뛰는 것이다. 하지만 이럴 때 자칫 부상을 입을 수 있다. 준비운동 5분 투자를 아까워하지 말자. 30분 운동을 한다면 5분 준비운동, 그리고 마무리 스트레칭 2~3분의 시간은 따로 계산해야 한다. 특히 아침 운동을 할 때는 준비운동이 더욱더 중요하다. 밤새 큰 움직임이 없던 몸을 깨워서 써야 하기 때문이다.

준비운동이 필요한 가장 큰 이유는 이미 말했듯 부상 방지다. 통계에 따르면 워밍업이나 준비운동을 하지 않은 사람들의 경우 준비운동을 한 사람보다 부상 위험이 세 배 정도 높게 나타났다. 준비운동으로 굳은 근육을 움직여서 유연성을 높여주어 관절의 동작 범위를 넓혀놓을 수 있다. 한 연구 결과에 따르면 간단한 동작의 준비운동만으로도 근육의 유연성이 30퍼센트 정도 높아져 운동력도 향상된다고 한다.

두 번째로 준비운동은 리추얼(의식) 같은 것으로 마음의 준비를 하게 해준다. 준비운동을 하면서 근육도 깨우지만 머리도 깨운다. 앞으로 어떻게 몸이 움직일 것인지, 그것이 달리기든, 배드민턴이든, 검도든 앞으로 할 운동을 그려가며 마음을 준비를 하게 된다. 요즘도 새벽에 검도장에 들어서면 가장 먼저 하는 것이 검도장을 몇 바퀴 달리는 것이다. 몸과 마음을 깨우는 나만의 의식이다.

운동의 효과를 높이는 좋은 습관

내가 검도를 17년간 하면서 생긴 좋은 습관이 바로 준비운동이다. 검도는 어느 도장을 가든지 본 운동을 시작하기 전에 참석자 전원이 준비운동을 같이 한다. 심지어 미국에 있는 도장들도 마찬가지다. 팔다리 굽히기부터 목운동, 아킬레스건 스트레칭 등 일련의 준비운동 순서가 있다. 준비운동을 하는 데 10분 남짓 걸린다. 준비운동을 하면서 마음의 준비도 같이 한다.

주말에 혼자 검도장에 나가 운동을 하는 경우에도 똑같이 준비운동을 했다. 또 운동을 마친 다음에는 도장 마룻바닥에 앉아서 운동 후 몸을 풀어주는 스트레칭을 한다. 사실 아침 출근 시간에 쫓겨서 마무리 스트레칭을 못 하고 가는 사람들이 대부분이다. 2~3분을 투자해 두세 동작만 하면 되는 마무리 스트레칭을 하는 것과 안 하는 것에는 큰 차이가 있다. 일단 땀을 흘려 운동하고 난 뒤 쿨다운할 시간을 주어서 몸이 다시 제자리로 돌아오도록 돕고, 호흡도 가다듬는다. 쿨다운 시간에도 칼로리 소모가 지속되기 때문에 칼로리 소모가 충분히 되도록 시간을 갖는 게 중요하다.

미국에 와서 검도 시합을 처음 나갔을 때 조금 놀랐던 적이 있다. 한국에서 검도 시합에 나갈 때는 내 순서에 맞춰서 가는 경우가 대부분이었다. 그런데 미국에서는 검도 시합 시간이 10시라면, 시합에 참석하는 모든 선수 전원이 8시까지 모여야 했다. 왜 그리 일찍 가는지 궁금했는데 도착해서 그 이유를 알았다. 큰 체육관에 각 검도장별로 둥그렇게 모여서 준비운동을 시작한다. 구령에 맞춰서 모든 도장의 사람들이 비슷한 준비운동을 순서대로 하며 스트레칭을 한다.

스트레칭이 끝나면 검도의 기본동작을 다 같이 하면서 몸풀기에 들어간다. 20분 정도 몸풀기용으로 기본동작을 하고, 또 보호 장비를 다 입은 다음 다시 몸풀기 기본동작을 한다. 이렇게 모든 사람이 1시간 정도 몸을 충분히 풀어준다. 몸풀기를 하면서 몸도 준비시키고 시합에 임하는 마음의 준비도 하는 것이다. 준비운동을 하는 동안 마음의 긴장이 좀 풀어지는 효과도 있다.

검도를 17년간 하면서 큰 부상 없이 운동을 할 수 있었던 이유는 준비운동과 마무리운동에 있다고 생각한다. 운동도 오래 꾸준히 할 수 있어야 한다. 부상을 입으면 부상 때문에 쉬어야 하는 문제도 있지만 회복하는 데도 시간이 걸린다. 이런 기다림의 시간 동안 운동에 대한 의지가 약해지고, 또 다칠까 봐 겁이 나서 몸은 더 뻣뻣해진다. 그래서 부상 후 재활하고 다시 본 궤도의 운동량으로 돌아오는 데는 두세 배의 노력과 기간이 필요하다고 한다. 그러니 운동을 꾸준히 하려면 부상을 당하지 않도록 사전에 준비하는 게 정말 중요하다.

운동하기 전후에 필요한 기본 준비운동

- **운동 시작 전 준비운동**
  - 제자리 걷기
  - 다리운동: 다리 굽혀서 앉았다 일어났다 하기
  - 다리 사이드 밴드: 양 옆으로 다리 스트레칭, 처음엔 약하게, 다음엔 깊게
  - 팔 돌리기
  - 어깨 돌리기
  - 목운동: 목 좌우, 상하, 원을 그리며 돌리기
  - 허리와 엉덩이 운동 : 좌우, 원을 그리며 돌리기
  - 온몸 돌리기: 시계 방향과 반시계 방향으로 몸을 돌린다.
  - 햄스트링(허벅지 뒤쪽 근육): 한쪽 발을 반 보 앞으로 한 뒤, 허리를 숙여 손끝을 앞발에 대면서 스트레칭한다. 첫 번째는 약하게, 두 번째는 깊게 한다.
  - 아킬레스건(종아리 뒤쪽 근육 : 한쪽 발을 앞으로 런지하듯이 해서 종아리 근육 당겨주기, 첫 번째는 약하게, 두 번째는 깊게 한다.
  - 위아래 점프, 팔 벌려
  - 높이뛰기: 각 10회씩 하기

- **운동 후 마무리 운동**
  - 다리 벌리고 앉아 앞으로 숙이기, 옆으로 숙여서 옆구리 근육 스트레칭 하기
  - 다리를 편 상태로 앉아 왼쪽 발을 오른쪽 다리 너머로 돌리면서 허리 돌리기, 방향 바꿔서 똑같이 반복하기
  - 고양이 자세(요가 자세)

부상을 당했을 때는
어떻게 운동해야 할까?

'아, 이번 주부터 운동하려고 했는데 갑자기 발목이 결린다.'

'배드민턴을 막 시작했는데 어깨가 뻐근하네. 계속해야 하는 걸까? 쉬어야 할까?'

'지난번에 운동하다 넘어져서 무릎을 다쳤는데 다시 운동을 해도 되는 걸까? 같은 부위에 부상을 입을까 걱정돼서 용기가 안 나네.'

부상을 입으면 운동을 중단해야 할까?

부상을 입으면 운동을 중단해야 할지 어떨지, 이는 많은 사람이 가진 의문 중 하나다. 하지만 모든 운동을 완전히 중단하는 것이 항상 옳은 선택은 아니다. 오히려 적절한 조치를 취하고 적절한 운동을 하는 것이 부상을 극복하고 건강한 상태를 유지하는 데 도움이 된다. 부상을 딛고 다시 운동을 시작하는 방법을 알아보자.

의사의 조언을 받자

먼저 부상의 심각성에 따라 의사의 조언을 따르는 것이 중요하다. 의사가 운동을 중단하라고 권장한다면 당연히 의사의 조언에 따라야 한다. 그리고 의사의 지시에 따라 운동 계획을 조정하자. 예를 들어 의사가 다리 부상을 보호하기 위해 달리기를 피하라고 권장한다면, 무리가 가지 않는 천천히 걷기나 수영 같은 유산소운동을 대신 시도할 수 있다.

부상 부위를 적절히 관리하자

부상 부위를 적절히 관리하고 치료하는 것이 중요하다. 부상 부위를 안정시키는 운동을 하거나 물리 치료를 받는 것이 도움이 될 수 있다. 삔 발목을 치료하기 위해 얼음찜질을 하거나, 발목을 들어 올려 부어오르는 부위를 안정시키면 도움이 된다.

다른 부위를 강화하자

부상을 입었다 해도 그 부위를 제외한 다른 부위를 강화하는 운동은 할 수 있다. 예를 들어 다리 부상이 있다면, 상체를 강화하는 운동은 해도 무방하다. 푸시업이나 풀업과 같은 운동은 상체 근육을 강화하는 데 도움이 된다. 운동을 아예 포기하는 것보다는 부상 부위에 무리가 가지 않는 다른 부위 운동이라도 꾸준히 하는 것이 좋다.

유산소운동을 하자

부상 때문에 신체 활동이 제한된 경우에도 유산소운동을 시행할 수 있다. 걷기, 수영, 자전거 타기 등은 부상을 입은 부위에 부담을 주지 않으면서도 전신을 운동시키는 데 도움이 된다. 예를 들어 무릎 부상으로 뛸 수 없는 경우에는 수영 등과 같이 무릎에 무리를 주지 않는 유산소운동을 할 수 있다.

근력운동을 하자

근력운동은 부상을 극복하고 신체를 강화하는 데 효과적이다. 하지만 부상을 입은 부위는 피해서 해야 한다. 예를 들어 다리 부상이 있다면 윗몸 일으키기, 푸시업, 플랭크 등의 운동을 할 수 있다. 이러한 운동은 상체와 코어근육을 강화해 전반적인 신체 강도를 향상시키는 데 도움이 된다.

스트레칭을 하자

유연성을 높이고 근육을 이완시키는 스트레칭 운동은 부상을 예방하고 부상 회복을 돕는다. 하지만 부상을 입은 부위에 부담을 주지 않는 스트레칭을 선택해야 한다. 과한 스트레칭으로 부상 부위에 무리가 가지 않도록 주의해야 하며, 그 부위는 자극이 되지 않는 선에서 조심스레 하자.

부상을 입으면 운동을 중단해야 한다는 오해

흔히 부상을 입으면 많은 운동을 바로 중단해야 한다고 오해한다. 하지만 적절한 조치를 취하며 운동을 유지한다면, 부상을 극복하고 건강한 상태를 유지할 수 있다. 여기에는 심리적인 이유도 포함된다. 부상을 당했다고 운동 자체를 포기할 필요는 없다. 부상 회복과 동시에 다른 부위 운동을 조금씩 하면서 건강한 삶을 위한 노력을 계속해나가자.

그러나 몇몇 사람들은 부상 후 운동을 중단하고 다시 시작하지 않는 경우도 있다. 미국 달리기 클럽에서 만났던 친구 제이

슨은 무릎 부상 때문에 달리기를 중단했고, 그 후 모든 운동에 대한 열정을 잃었다. 그는 자신이 부상 후 운동을 다시 시작하는 것이 불가능하다고 생각해 결국 운동을 완전히 포기하게 되었다. 3년 뒤에 다시 만났을 때 안타깝게도 그의 몸집은 두 배나 부은 듯했고, 산책하며 같이 이야기하는 동안 숨쉬는 것조차 불편해보였다.

  부상으로 운동을 중단한 사람 중 상당수는 스트레스와 우울감을 느끼기도 한다. 운동은 우리의 심리적 건강에 큰 영향을 미치며, 우리를 더 자신감 있고 긍정적으로 만들어준다. 그런데 갑작스런 부상으로 운동을 하지 못하면 반대급부로 부정적 감정이 커지는 것이다. 유명인들도 마찬가지다.

  테니스 선수 세리나 윌리엄스Serena Williams는 부상 때문에 운동을 중단해야 했다. 그녀는 부상을 극복하고 다시 코트로 돌아오기 위해 끈질긴 노력을 기울였다. 부상을 당한 윌리엄스는 운동을 중단하지 않았다. 신체적인 치유를 촉진하는 운동을 계속했으며, 결과적으로 다시 강력한 모습으로 돌아올 수 있었다.

  배우 드웨인 존슨Dwayne Johnson은 부상으로 운동을 중단해야 했을 때 자신의 인스타그램에 "절대 포기하지 마세요."라는 글을 올렸다. 이것은 자기 자신에게 하는 말이기도 했다. 그는 부상 때문에 어려움을 겪었지만, 긍정적인 태도를 유지하고 부상을 극복하기 위해 노력했다.

　이러한 경험담들은 부상을 딛고 복귀하는 과정에서 꾸준히 운동하는 것이 얼마나 중요한지를 보여준다. 부상은 우리의 운동 생활을 방해할 수 있지만, 전문가의 도움을 받아 적절한 조치를 취한다면 부상을 극복할 수 있다. 몸의 회복을 위해 노력하되, 운동이 두려워지거나 운동을 향한 열정이 식지 않게 적절한 움직임을 유지하는 것도 중요하다.

운동을
습관으로 만드는 법

"체력을 향상시키려면 반드시 운동이 꼭 필요한가요?"

이에 대한 답은 당연하게도 "예스."다. 퍼스널 트레이너로 주목받고 있는 이우제 씨도 같은 질문에 "네, 그렇습니다. 묘수와 요행은 절대 없습니다."라고 단언했다.

체력을 키우기 위해서는 꾸준히 지속되는 운동이 꼭 필요하다. 사실 이는 누구나 다 아는 사실이다. 게다가 운동을 꾸준히 하기 위해서는 운동을 습관처럼 해야 한다는 것도 안다. 한 달에 한두 번 등산을 가거나, 한 달에 두세 번 골프를 치는 사람들이 있다. 당연히 안 하는 것보다야 낫다. 하지만 습관화된 꾸준한 운동으로 체력을 키우기 위해서는 운동의 강도와 빈도 둘 다 어느 수준 이상이 되어야 한다.

운동은 자주 하는 것이 좋다

습관화된 꾸준한 운동으로 체력을 키우기 위해서는 운동을 자주 해야 한다. 즉 빈도가 중요하다. 한 달에 한 번, 1주일에 한 번, 매일 한 번, 어떤 것이 습관으로 만들기 좋을까? 답은 매일 한 번이다. 자주 해야 몸도 거기에 익숙해지고 힘들지 않다. 평소 아무 운동도 안 하다가 가끔 등산 동호회에 다녀오면 온몸 근육이 아파 다음 날까지 절뚝거리는 경험을 해봤을 것이다. 몸에 무리가 가면 그 경험이 즐거울 수 없다. 다음에 다시 등산하러 가자는 권유에 첫 등산 후유증이 떠올라 겁나고 망설여진다.

운동을 습관화하려면 몸이 즐거워야 한다. 그러려면 운동의 빈도가 중요하다. 큰 산이 아니어도 좋다. 동네 뒷산을 매일 오른다든가, 1주일에 최소 두세 번 정도 경사가 좀 있는 곳에서 걷기 운동을 해보자. 그러면 등산을 가더라도 다리를 절뚝거릴 정도로 아프지는 않을 테고, 좀 뻐근하다 해도 하루 이틀이면 금세 풀린다. 뭐든 자주 해서 몸이 익숙해져야 시작할 때 힘들지 않다.

　이우제 트레이너는 1주일에 두 번씩 1시간 운동하는 것보다 매일 30분씩 하는 것을 권한다. 근력운동의 경우 근육을 과도하게 사용하는 웨이트 트레이닝을 할 때는 근육에 쉼을 주어야 하지만, 그렇지 않다면 근육을 자주 움직일 수 있도록 매일 하는 것을 추천한다. 나는 수영하러 1주일에 두 번씩 갔던 적이 있는데, 1주일에 두 번 가면 몸이 물 온도 적응할 때마다 매번 낯설게 느껴진다. 하지만 수영을 매일 하면 익숙함 때문에 물 온도에 적응하는 것이 쉽다.

운동을 매일 하는 루틴을 만들어라

운동을 매일의 루틴으로 만들기 위해서는 실질적으로 이동하는 물리적 동선 혹은 심리적 동선을 짧게 만드는 게 중요하다. 나는 매일 아침 출근 전에 검도를 했는데, 집에서 회사까지 가는 길에 위치한 검도장을 골랐다. 앞서 말했듯 출근길에 들를 수 있어 심리적, 물리적 거리가 가깝게 느껴졌다. 그리고 운동을 한 뒤에 샤워와 화장을 하고 바로 출근하면 되니 시간이 절약되는 효과도 있었다.

　이렇게 물리적인 동선이 확보되었다면 그 후엔 심리적인 동선을 만들자. '아침형 인간'인 나는 아침에 일찍 일어나는 것이 어렵지 않다. 또 아침에는 내가 일찍 일어나는 만큼이 내 시간이라 심리적으로 안정되고 편하다. 집에서 '출근하러 가는 길→운동→출근' 이러한 출근 루틴에 운동을 끼워 넣었기 때문에 아침 시간에 특별한 일이 없으면 운동 시간을 확보할 수 있다. 본인이 저녁형 인간이라면 저녁에는 몸이 활동 중인 상태라 근육도 이완되어 있고 체온도 올라 있어서 운동하기엔 더 좋다. 나의 경우 시간 활용 측면에서는 저녁 시간이 적합하지 않았다. 저녁 약속이나 급한 일로 야근하는 일이 잦았기에 지속적으로 운동 시간을 내기 어려웠기 때문이다. 따라서 자신의 물리적, 심리적인 동선이 효율화되는 쪽으로 운동 루틴을 맞추는 게 좋다. 그러면 운동을 습관화하기가 좀 더 수월하다.

같이 운동하는 사람들, 운동 버디를 만들어라

같은 공간에서 같은 시간에 함께 운동하는 오프라인 버디도 좋고, 온라인 버디여도 괜찮다. 달리기, 등산, 검도, GX 등 어떤 운동을 하든 운동 동료를 만들어보자. 러닝크루가 있다면 서로 자극이 되고 격려가 되기도 해서 많은 도움이 된다. 가끔 게으름이 찾아와 운동을 거르고 싶을 때, 동료의 한마디에 벌떡 일어나지기도 한다.

　나는 최근 30일 플랭크 챌린지를 메타(페이스북) 친구들과 함께 했다. 혼자 했으면 중간에 지루하거나 힘들어져서 지속하기 어려웠을 텐데, 동료들이 있어서 인증샷도 올리고 서로 격려하며 쉽게 지속할 수 있었다. 또 미국에 와서도 검도를 계속 했는데, 검도장에서 만난 친구 4인방이 있다. 우리 네 사람은 운동을 같이하는 것뿐만 아니라 소통하고 우정을 쌓아나가며 서로를 챙겨준다. 무엇보다 운동이 귀찮아지는 날 "오늘 도장에서 보자."라는 친구의 한마디로 귀찮음병을 치유한다. 또 다른 친구들과는 웨이트 트레이닝 프로그램을 구글 문서로 공유한다. 매일 매일의 운동량과 진전 사항을 업데이트해서 멀리 있는 친구와 서로 체크해주고 있다.

　무엇이든 혼자 할 때보다 함께 할 때 이점이 더 많다. 혼자 하면 지루한 운동도 같이하면 재미있게 할 수 있다. 작은 성과를 함께 축하해주면 기쁨도 배가 된다. 무엇보다 외롭고 지쳤을 때 운동 버디는 나를 지지하고 격려하는 큰 힘이 된다.

달리기의 찰떡궁합, 오디오북

아무리 중요한 일이라도 같은 일을 매일매일 반복한다는 건 정말 힘들다. 상상만 해도 벌써 질린다. 그래서 운동을 매일 하는 단순한 일이 모든 사람에게 그렇게 어려운 일로 여겨지는 것 같다.

나의 경험으로 미루어보자면 이럴 때 운동과 궁합이 맞는 다른 활동을 찾아서 멀티태스킹으로 해보면 좋다. 나의 경우 달리거나 걸으면서 오디오북을 들었다. 달리는 것이 주의나 집중력을 요하기보다는 지속적인 반복 운동이기 때문에 다른 활동과 같이 하면 지루함을 극복하기 쉽다. 물론 음악을 듣거나 영어 회화를 듣거나 또는 뉴스를 들을 수도 있다.

지난 20년의 내 달리기 역사를 생각하면 나는 스토리가 있는 오디오북을 들을 때 달리기가 훨씬 수월했다. 어떤 때는 새로운 이야기가 궁금해서 달리러 나가고 싶기도 했고, 또 달리기를 하다가 목표한 1시간을 다 달렸음에도 불구하고 그 뒷이야기가 궁금해서 30분을 더 달리고 들어오기도 했다. 오디오북은 책상 앞에서 정자세로 듣기에는 너무 지루하다. 또 그렇다고 자기 전에 틀어놓고 누워 있으면 바로 잠들어버려 책 내용을 잊어버리게 된다. 달리거나 걸으면서 오디오북을 들으면 오디오북에 집중하는 것도 쉽다. 그래서 오디오북과 달리기는 정말 찰떡궁합이다.

실제로 미국 연구조사기관인 에디슨 리서치Edison Research에 의하면 오디오북을 자주 듣는 사람 중 60퍼센트는 운동 중에 오디오북을 듣는다고 한다. 오디오북 듣기와 운동 습관이 서로 긍정적인 영향을 주고 받기 때문에 많은 사람이 걷기 혹은 달리기 운동을 할 때 오디오북을 듣는 것이다.

오디오북을 들으며 운동하는 것에는 세 가지 장점이 있다. 첫째, 지루함을 덜 느끼게 한다. 달릴 때 주의를 다른 곳으로 돌려 주기 때문에 육체적 피로감이나 고통을 덜 느낀다. 30분은 물론이고 1시간 달리는 것도 정말 금방이다. 오디오북을 듣다 보면 그 뒷이야기가 궁금해 30분을 걸으려 계획했었어도 더 많이 걷게 되는 경우가 잦다. 특히 나는 러닝머신(트레드밀) 위에서 걷거나 달리기를 할 때 지루함을 더 느끼는데, 이때는 오디오북보다는 TV시청과 같은 영상 콘텐츠가 도움이 된다. 운동할 때 내 몸으로 향하는 마음을 분산시키면 시간이 빨리 가는 것처럼 느껴지고 운동 역시 생각만큼 힘들지 않다.

둘째, 운동에 동기부여가 된다. 요즘엔 집중해 책 읽을 시간이 적어서 오디오북으로 책을 많이 듣는다. 집에 앉아 오디오북을 듣지 않기에 오디오북을 들으려면 운동화를 신고 일단 집 밖으로 나서게 된다. 오디오북 때문에 운동을 하게 되든 운동을 하려고 오디오북을 듣게 되든 이 둘은 서로가 좋은 동기부여가 된다. 오늘도 트레이더조에서 8시간 일을 마친 다음, 집에 돌아오자마자 걸으러 다시 나갔다. 오전에 들었던 추리소설이 앞으로 어떻게 전개될지 너무 궁금했기 때문이다.

셋째, 시간 절약이 된다. 일상으로 바쁜 우리 모두에게 효율적인 시간 활용은 큰 관심사 중의 하나이다. 책 읽을 시간으로 1시간을 따로 내고, 또 운동할 시간을 1시간 따로 낼 수 있는 시간적 여유가 대부분 없다. 쪽 시간과 짬 시간을 활용하는 것 못지않게 멀티태스킹을 하는 것 역시 24시간을 48시간처럼 만드는 방법이다. 나는 매일 1시간 이상 걷거나 뛰고 있으며, 이때 듣는 오디오북으로 일주일에 한 권 이상 떼고 있다. 2021년부터 오디오북 듣기를 시작한 이래 매년 70권 정도를 읽어왔다.

여기에 오디오북을 200퍼센트 활용하는 몇 가지 팁이 있다.

첫째, 흥미로운 콘텐츠 선택이다. 자신이 좋아하는 장르의 책을 선택하는 게 중요한데, 나는 개인적으로 에세이보다는 소설을 듣기 좋아해서 주로 미스터리나 로맨틱코미디 장르의 소설을 듣는다. 에세이 분야의 책은 언제 어디서 끊어도 되기 때문에 호기심을 자극해 계속 더 읽고 싶은 마음이 덜하다. 그래서 스토리가 중심이 되는 책을 들을 때 더 집중이 잘 된다. 물론 자신에게 알맞은 다양한 장르를 찾아 시험해보는 것도 방법이다.

둘째, 현실적인 목표를 설정해보자. 달리기를 시작할 때 분량이 짧은 오디오북을 시작하거나 각 장을 나눠서 운동하는 시간과 맞출 수 있다. 예를 들면 '오늘은 2장을 읽을 때까지 운동해보자', 아니면 '오늘은 3부 끝까지 들어보자' 라는 식이다.

셋째, 이어폰에 투자하자. 걷거나 달리기를 하면서 오디오북을 들을 때는 편하고 음량이 좋은 이어폰이 중요하다. 특히 귀가 아프지 않아야 하며 달릴 때 출렁거려도 떨어지지 않아야 한다. 물론 좋은 이어폰이 꼭 비싼 것을 말하지는 않는다. 전에 내가 쓰던 이어폰은 음량을 최대치로 올려도 볼륨이 너무 작아서, 소음이 많은 길거리에서 달리다 보면 소리가 잘 들리지 않았다. 또 어떤 이어폰은 달리기를 할 때 귀에 정확하게 부착이 안 되고 자꾸 움직이는 바람에 운동에 집중하기 어려웠다. 빠르게 달려도 고정이 잘 되는 스포츠형 이어폰을 사용해보는 것도 한 가지 방법이다. 그리고 운동 후에는 땀으로 젖을 수 있으니 이어폰을 잘 닦아주는 것이 좋다.

넷째, 만약 어학 공부를 하는 경우 실시간 자막 기능을 사용해보자. 영어 오디오북을 듣는다면 100퍼센트 내용을 이해하기가 쉽지 않다. 이럴 때 실시간 자막 기능을 켜놓고 듣는 것이다. 휴대폰을 보면서 달리는 것이 아니라 주머니에 넣고 달리다가 이해하지 못하는 부분이 있다면 10초 되돌리기 버튼을 눌러 나오는 자막을 캡처 해놓는다. 이렇게 실시간으로 캡처를 해놓고 나중에 한꺼번에 모아서 단어를 찾아보면 도움이 된다.

의지가 약하다고 타박하지 말고 걷거나 달리기를 꾸준히 하고 싶다면 오디오북의 힘을 빌려보자! 이야기의 힘으로 오래 달리는 힘 역시 얻을 수 있을 것이다.

운동을 하게 만드는 트리거를 찾아라

운동을 꾸준히 하기 위해서는 자신이 운동을 하고 싶어 하는 트리거, 즉 열정 포인트를 찾는 게 중요하다. 내 경우에는 '검도인이 많지 않다는 것' 그리고 '검도가 주는 쿨함 혹은 쿨해 보이는 것'이 트리거였다. 그 포인트에 빠져 검도를 시작했고 덕분에 17년간 지속해오고 있다.

수영을 시작한 트리거도 있다. 하와이에서 한 달 살기를 한 적이 있는데 모두가 멋진 수영복을 입고 와이키키 해변을 누볐다. 그런데 나 혼자만 무거운 구명조끼를 입고 해변을 지나다녔다. 나도 물을 무서워하지 않았으면 좋겠다는 생각이 불쑥 찾아왔다. 나도 그들처럼 수영복을 입고 물속에 첨벙첨벙 들어가고 싶었다. 바로 그 부러움이 운동의 계기이자 열정의 포인트, 즉 트리거가 되어 수영을 배우기 시작했다.

스스로 즐거움을 느낄 만한 운동을 찾아보는 것도 좋다. 한 가지 운동을 평생 하겠다는 마음을 먹을 필요는 없지만, 적어도 2~3년은 꾸준히 할 수 있는 운동을 찾아보자. 헬스클럽에서 하는 근력운동을 싫어하는데 굳이 근력운동부터 시작할 필요는 없다. 재미와 흥미를 붙여볼 만한 운동을 먼저 찾는 게 순서다.

나는 30대 초반, 당시 한국에서 유행하기 시작했던 스노보드 타는 재미에 푹 빠졌다. 스키장의 시즌권을 끊고 근처에 방을

얻어서 스키장을 다녔다. 주말은 말할 것도 없고 주중엔 퇴근 후에 간 적도 있다. 그렇게 스노보드를 타다 보니, 시즌이 아닌 기간에는 다리 힘을 기르기 위해 무엇을 하면 좋을까 생각했다. 물론 그 당시도 달리기는 계속했었는데 근력운동을 따로 하지는 않았을 때였다. 그래서 스쾃을 비롯해 다리 근육 기르는 운동을 몇 가지 시작했다.

내가 좋아하고 재미있어하는 본 운동인 스노보드가 있으니 근육을 단련하는 부수적인 운동까지도 재미있어졌다. 이런 식으로 자신이 좋아하는 운동을 시작하면, 그와 연관된 다른 운동으로 보다 손쉽게 영역을 확장할 수 있다.

운동할 때
내게 힘을 주었던 명언

20년 전쯤 당시 친한 선배가 "로이스라면 이 책을 재밌게 볼 거야."라는 말과 함께 책 한 권을 선물해줬다. 그 선배는 내가 매일 달리는 것을 알고 있었는데, 책 제목을 보니 무라카미 하루키의 《달리기를 말할 때 내가 하고 싶은 이야기》라고 쓰여 있었다. 얇은 책이었고 겉표지는 하드커버였다.

이 작가가 내가 아는 그 소설가인가 싶었다. 나는 무라카미 하루키를 소설 《노르웨이의 숲》의 작가로만 알고 있었기 때문이다. '아니 이 소설가가 달리기에 대한 글을 썼다고?'라는 호기심이 발동했다. 나는 책의 첫 페이지를 펼친 후 마지막 페이지를 덮을 때까지 책을 손에서 놓지 못한 채 앉은 자리에서 다 읽어버렸다.

그 후로도 서점에 나갈 때면 책을 집어 들어서 몇 구절씩 다시 읽고는 다시금 같은 책을 사 들고 집으로 왔다. 어느새 내 책장에는 이 책이 세 권이나 꽂혀 있다. 읽을 때마다 마음에 꽂히는 구절, 내게 정말 필요한 말이라고 생각되는 구절에 줄을 쳐가면서 몇 번씩 읽었다. 어쩌면 달리기에 대해 이토록 잘 표현할 수 있는지 읽을 때마다 감탄한다. 그뿐만이 아니다. 달리기와 우리의 삶, 그리고 우리가 일하는 태도에서 발견해내는 인사이트도 대단하다. 하루키의 글을 읽으며 달리기는 우리 삶에 대한 은유가 아닐까 하는 생각을 했다.

"때로는 시간을 들이는 것이 실제로는 지름길이다."

-무라카미 하루키

이 말은 사실 운동에만 해당되지 않으며 어쩌면 우리 인생을 관통하는 메시지이기도 하다. 타고난 순발력이나 운동신경이 없는 나는 꾸준함으로 인생을 살아가고 있다. 느려도 마지막까지 하고 있다면 가장 앞선 자가 될 수 있음을 실전에서 경험했다.

빨리빨리 문화가 만연하고 '초고속 방법'이나 '며칠 만에 완성하는 법' 등 효율성 중심의 메시지가 판을 치는 세상이다. 그럼에도 시간을 들이고, 기다리고, 꾸준히 해야만 하는 일이 있다. 그리고 그렇게 하는 것이 실은 가장 빨리 가는 길이란 것을 실감하곤 한다. 일할 때도 그렇고 인생을 살면서도 자주 느낀다. 운동도 마찬가지다.

나는 운동신경이 그다지 좋은 편이 아니어서 다른 사람들에 비해 모든 면에서 속도가 더디었다. 특히 대련(시합)을 해야 하는 검도의 경우, 비교를 안 하려 애를 써도 다른 사람보다 성장이 느린 내 검도 실력이 스트레스가 되었다. 중간에 그만둘까 하는 생각도 들었지만, 그래도 나아질 거란 희망으로 버텼다. 그것이 1년이 되고 3년이 되고, 어느새 17년이 되었다. 느리지만 나는 꾸준히 성장했다.

대개 검도를 1년 정도 하고 초단을 따면 적잖은 사람이 그만둔다. 그러다가 3~4년이 지난 후에 다시 검도를 시작하겠다고 오는 사람들이 꽤 있다. 나는 그들보다 배움의 속도가 늦었지만, 하루도 빠지지 않고 꾸준히 한 결과 그들보다 단이 높아졌다. 대개 중도에 멈췄다가 다시 시작하는 이들이 자주 하는 말이 있다. '아 그때 쉬지만 않았어도 지금 4단인데…' 하는 후회의 말이다. 결국 꾸준함을 이길 것은 없다. 꾸준함이 지름길이다.

"근육은 붙기는 어렵지만 잃기는 쉽다. 지방은 붙기는 쉽지만 빼기는 어렵다."

위 문구는 내가 운동을 거르고 싶을 때마다 나를 채찍질해준다. 운동을 거르고 싶은 날이면 이 구절을 떠올리면서 마음을 다잡곤 했다.

실제로 근육은 너무 빨리 없어진다. 어렵게 간신히 만들어놓았는데 말이다. 근육이 빠지는 게 아까운 생각이 들어 몸을 일으킨 뒤 플랭크를 하고 밖으로 달리러 나간다. 또한 지방은 붙기 쉽고 떨어지기 어렵다는 말은 나의 식이 습관에 좋은 리마인드가 된다. 청교도적으로 엄격하게 음식물을 가려서 건강식으로만 먹지는 않지만 되도록 몸에 좋지 않은 밀가루, 흰쌀밥 같은 단당류와 햄버거나 치즈 같은 패스트푸드는 피하는 편이다.

사실 두툼한 햄버거 하나를 튀긴 감자와 콜라에 곁들여 먹으면 금방 1,000킬로칼로리가 넘는다. 맥주집으로 이어지는 회사 저녁 회식은 하루에 필요한 열량인 2,000킬로칼로리에 육박한다. 원하지 않는 살이 붙는 이유는 아주 간단하다. 먹은 칼로리보다 소모한 칼로리가 적기 때문이다. 그래서 햄버거 섭취처럼 한 끼니의 칼로리를 쓸데없이 허무하게 높이지 않으려 한다. 물론 햄버거가 너무 먹고 싶을 때가 있는데 그럴 때는 나도 한 개 정도 먹기는 한다. 단, 햄버거 빵 대신 레터스(상추)로 앞뒤를 싸

달라고 해서 밀가루를 줄이고 칼로리를 최대한 낮춰서 먹는 방법을 택한다.

"유일하게 나쁜 운동은 아무것도 하지 않는 운동이다."

-작자 미상

이 말은 어디서 들었는지 출처가 명확지 않지만 메시지가 좋아서 기억해두었다. 몸을 움직인다는 건 정말 중요한 일이다. 걷기든 달리기든 어떤 종류의 운동이든 말이다. 아마도 자동차라는 대중교통이 나오기 전까지 걷기는 숨 쉬는 것과 같이 자연스럽게 하는 행위였을 터다. 그런데 자동차가 만들어지고 대중교통이 발달하면서 우리는 덜 걷게 되었고, 지금은 걷는 행위조차 어렵게 느껴지는 상황이 되어버렸다.

주말에 집에서 나른하게 있다 보면 밖에 운동하러 나가는 건 고사하고 손끝 하나 움직이고 싶지 않다. 그럴 때 나는 10분이면 할 수 있는 스낵운동을 한다. 스낵운동을 시작한 이후 그 유용성과 가치를 더욱 깨닫는 중이다. 몸은 아무것도 하지 않으면 더 아무것도 하지 않는 쪽으로 관성이 붙는다. 그러니 짬짬이 작은 움직임이라도 해서 관성을 끊어주어야 한다. 10의 노력이면 될 것을 하루 거르면 그 열 배인 100의 노력이 필요한 경우가 많다. 결국 쉽게 가려면 습관화가 필요하다.

"지루함은 지루함으로 극복한다."

이건 내가 만든 말이다. 운동을 어렵게 습관화해 놓으면 반복적인 루틴이 주는 권태기가 온다. 권태기가 오면 운동이 재미있지 않을뿐더러 운동하는 게 기계적인 움직임처럼 느껴진다. 진심으로 즐기지 못하니 의미도 없는 듯 느껴진다. 또 운동 실력도 제자리에 머물러 있는 것 같아서 답답하고 시간이 아깝다고 여겨지는 순간이 찾아온다. 나도 1년에 한 번 혹은 2~3년에 한 번씩은 그런 위기를 맞았다. 그런데 그때마다 나를 토닥거리며 하는 말이 있다. "지루함은 지루함으로 극복하자." 지루하니 일단 그만두고 나중에 다시 시작하자는 마음이 들기도 한다. 하지만 멈췄다가 다시 시작하려면 수십 배는 더 어렵다.

운동이 지루해질 때는 지루함을 수용한 채 그냥 계속해보자. 재미나 의미를 애써 찾지 말고 일단 기계적이라도 계속하는 것이다. 그러다 보면 지루함도 슬그머니 사라지고 다시 재미가 올라온다. 지루함을 느낀다고 해서 바로 운동을 중단했다면 나는 이렇게 다시 찾아오는 재미도 알지 못했을 것이다. 그뿐만 아니다. 중단하지 않은 덕분에 운동 공백이 없으니 다시 시작해야 하는 힘겨움도 감수할 필요가 없다.

반복적이고 단조로워서 운동을 중단하고 싶다면, 그 지루함을 온전히 느끼며 지속해보자. 이열치열의 마음으로 차라리 지루함 속으로 흠뻑 빠져드는 것이다. 그러면 어느새 지루함이 사라지는 걸 느낄 수 있다. 이런 일이 여러 번 반복되면, 이 지루함이 언젠가는 사라지리라는 것을 내 몸이 알고 기억한다. 그렇게 반복 경험을 함으로써 운동이 지루하고 재미없어지는 시기를 지나가는 것이 점점 더 쉬워진다.

> "아무리 늦어도 운동을 시작하기에 가장 좋은 시간은 지금이다."
> "오늘이 인생에서 가장 젊은 때다."

마지막 두 인용구는 '너무 늦은 거 아냐' 하는 절망감과 의심이 들 때 나를 격려해주는 말이다. 나는 검도를 마흔 살에 시작했고, 수영을 쉰 살에 시작했다. 또 예순 살이 되면 새로운 운동을 시작할지도 모른다. 무언가를 새로 시작하기에 늦은 나이란 없다. 바로 그때가 그것을 하기 가장 좋은 시간이다.

그러니 바로 지.금. 시작하자!

에너지 '뿜뿜', 모두 가봅시다!

'다리는 두꺼워지는데 미니스커트가 입고 싶다. 누가 이 맛을 알까?'

요즘 들어 허벅지가 부쩍 굵어진 느낌이다. 아니 느낌만이 아니다. 확실하다. 헐렁했던 청바지인데 요샌 허벅지 쪽이 타이트 해졌다. 그런데도 기분이 좋다. 예전 같으면 다리가 굵어지는 것이 사형선고(!) 같았다. 내 사전에 절대 있어서는 안 되는 일 이었다. 바로 다이어트에 돌입하게 하는 자극제가 됐다. 근데 이젠 아니다. 두꺼워진 허벅지를 느끼곤 나는 '므훗'한 웃음을 짓는다. 그러곤 추운 날인데도 짧은 반바지를 입어본다.

이 모든 게 6개월 전부터 시작한 근력운동, 즉 '웨이트트레이닝' 덕분이다. 그동안 운동을 꾸준히 했지만 근력운동은 소홀히 했었다. 그러다가 아무리 유산소 운동을 해도 근력운동을 하지 않으면 근손실 속도를 따라가지 못해 결국 근육이 점점 없어진 다는 데이터를 봤다. 또 우리가 100세까지 살게 되더라도 건강 하지 않다면 비실비실 누워 지내는 기간만 늘어난다는 데이터 도 보았다. 어느 날은 운동에 관한 책을 읽다가 이런 문장을 발 견했다.

"근력이 삶의 질을 결정한다."

"근력운동은 늦어도 50대에는 꼭 시작해야 한다."

두 문장이 그날 내 가슴에 꽂혔다.

이제 더는 늦출 수가 없다. 나는 동네 헬스클럽에 등록하고 매일 근력운동을 하기로 했다. 처음에는 혼자 하기 어려울 것 같아 PT도 함께 받기 시작했다. 달리기, 검도, 수영 등의 유산소 운동을 꾸준히 해왔지만 그것으로는 근손실을 막을 수가 없기 때문이다. 그렇게 3개월 정도 근력운동을 했다. 사실 처음에는 몸에 아무 표가 나지 않았다. 괜히 시간을 허비하는 게 아닌가 하는 조바심도 났다. 그런데 서서히 팔뚝이 단단해지기 시작했 다. 또 허벅지도 조금씩 두꺼워지기 시작했다. '어라, 이런 게 근 육이었구나, 내 몸에도 근육이 생기고 있네!'

근력운동을 하면서는 '날씬한 몸'보다 오래오래 갈 수 있는 '건강한 몸'에 관심이 가기 시작했다. 20대 후반에 달리기 운동을 시작한 이후 늘 운동의 끈을 놓지 않고 있었지만, 50대 후반이 되면서 이제 운동에 더 진심이다. 체력 관리에 시간을 쓰는 것이 절대 아깝지 않다. 많은 돈을 쓰는 건 아니지만 체력 관리에 드는 운동비 역시 아깝지 않다.

늘 건강 하나만큼은 자신이 있었다. 운동을 꾸준히 해왔기 때문이다. 워킹맘으로 살아온 지난 30년은 일도 잘하려면 체력이, 다정한 엄마가 되려 해도 체력이, 또 내가 하고 싶은 것을 하려 해도 체력이 필요하다는 것을 정말 절실하게 느낀 기간이었다.

이유는 제각기 다르겠지만 우리는 늘 새롭게 운동을 시작한다. 그런데 이게 오래 못 간다. 그러곤 어느새인가 몸은 점점 더 망가지고 있다. 30대까지는 밤잠 줄여가며 일하면서 깡으로 버텼지만 이젠 더 이상 깡으로 버틸 수 없는 것이다.

그래서 이 책을 썼다. 아직 40대가 안 되었다면 "더는 깡으로 버틸 수 없음을 몸으로 느끼기 전에 운동을 꼭 하자."고 말하고 싶었다. 운동이 필요한 건 알지만 늘 작심삼일로 끝나 '뿜뿜'이 필요한 후배, 선배 혹은 동료들과 부족한 경험을 나누고 싶었다.

내가 잘 하는게 '뿜뿜'이다. 근데 그 뿜뿜을 그냥 하는 건 아니고 나도 같이 하니, '함께하자'는 것이다. 그래서 내가 쉰이 넘어 미국 도전 이야기를 책으로 쓰면서 새롭게 도전하는 데에는 결코 늦은 나이가 없다고 말했을 때 많은 분들이 힘을 얻었다. 마흔 살에 파닉스(소리내기)부터 다시 시작한 내가 늦었다고 포기하지 말고 영어 공부를 같이 하자는 책을 썼을 때도 많은 분들이 용기를 얻었다. 또 구글에서 정리해고된 후 시작된 실리콘밸리 알바생 도전기에 대해 책을 썼을 때 역시 더욱 많은 분들이 공감하고 뿜뿜의 (((에너지)))를 느꼈다고 생각한다. 그래서 그 모든 뿜뿜을 이 책에 다시 모아보았다. 이번에는 같이 운동하자는 뿜뿜이다.

나는 파장을 나타내는 이 괄호를 자주 사용한다. ((((힘)))), ((((에너지)))), ((((열정)))). 어렸을 때 동네에서 전자오락 갤러그를 했었다. 갤러그가 합체되어 에너지가 두 배가 될 때 파장이 나온다. 이 괄호는 그 두 배 되는 파장력, (((힘)))을 느끼게 해준다.

자, 이제 모두 건강 (((에너지))) 뿜뿜 가봅시다. 혼자 어려우면, 같이 해봅시다! 작심삼일이 아니라 오래오래 계속 가봅시다!

감사의 글

저는 소설가 무라카미 하루키의 자전적 책인 《달리기를 말할 때 내가 하고 싶은 이야기》를 무척 좋아합니다. 하루키는 전업으로 소설을 쓰면서 달리기를 시작했습니다. 그리고 예순 살이 넘어서까지 계속 달리기를 이어오고 있습니다. 장편소설을 쓰는 것은 엄청난 심적 에너지와 체력을 필요로 해서 육체노동과 맞먹는다고 합니다.

30년 동안 커리어를 이어오고 있는 제가 느끼는 직장 생활도 이에 못지않는 에너지와 체력을 필요로 합니다. 게다가 직장인으로 육아를 하는 기간에는 체력의 중요성을 더욱 실감합니다. 다행히도 저는 20대 후반에 달리는 것을 시작한 후 직장 생활을 하는 내내 운동으로 꾸준히 체력관리를 해왔습니다. 마라톤, 검도, 수영, 등산 그리고 작년에는 근력운동도 시작했습니다. 사실 운동을 30년 동안 꾸준히 하는 것은 쉽지 않았습니다. 그래서 저의 운동 30년을 도와주신 분들에게 감사를 드립니다.

스무 살 후반 미국 대학원 기숙사에 있을 때 달리기를 시작했습니다. 달리는 방법을 알려주고 매일매일 러닝 크루처럼 같이 달려주었던 기숙사 앞방 친구 다이애나 Diana에게 감사합니다. 달리기의 '맛'을 알고 나서 그때부터 줄곧 달리고 있습니다.

마흔 살에 검도 입문을 하고 4단을 딸 때까지 수련을 도와주신 박소용 이화검도관 관장님께 감사를 드립니다. 제가 지난 17년 동안 포기하거나 게으름 피우지 않고 검도를 꾸준히 해올 수 있도록 늘 응원해주셨습니다. 또한 "하면 할수록 어려운 게 검도다. 때론 자만에 빠지기도 하지만 그 순간이 가장 위험하다. 결국 하다 보면 다시 기본으로 돌아가게 되고, 몸을 낮추게 되는 것이 검도다."라고 말씀하시는 박 관장님으로부터 하루하루 종이 쌓는 마음의 꾸준함과 겸손한 자세도 배웠습니다. 또 17년 동안 검도를 통해 '교검지애'(교검을 통한 우정)를 나눠주신 이화검도관, 캘리포니아 산호세 검도관, 올림픽검도관의 사범님들(특히 이종원 선생님, 홍순철 사범님, 한진식 사범님, 박창준 사범님, 정재철 사범님 등) 그리고 미국 검도 4인방의 Doris, Sunny,

Cynthia, 그리고 그동안 땀흘리면서 함께 연습했던 모든 검우들께도 감사를 드립니다.

쉰 살에 물공포증을 없애준 로라 슈스터Laura Schuster 수영코치에게도 감사 드립니다. '스트레스 없는 수영'Swimming with No Stress을 중요하게 생각하는 슈스터 코치는 석 달 내내 저와 물놀이를 했습니다. "믿고 따라와봐요. 중요한 건 즐기는 거예요. 그럼 우리 천천히 해봐요." 라고 늘 말하는 슈스터 코치 덕분에 저는 50년 물공포증을 극복할 수 있었습니다. 지금은 올림픽공원 안에 있는 국제 규격의 50미터 길이 수영장에서도 쉬지 않고 한 시간 랩수영을 거뜬히 해낼 수 있게 되었습니다. 무엇보다 물 속에서 유영하는 기분이 얼마나 즐거운지 알게 해주었습니다.

미국에서 백패킹의 맛과 멋을 알게 해주신 김용성님께 감사를 드립니다. 그리고 서재원 님, 안영훈 님, 이재일 님, 이주경 님을 비롯해 지난 5년 동안 함께 미국의 3,000미터가 넘는 산들을 함께 오르면서 우정을 쌓아온 모든 백패킹 친구들에게 감사를 드립니다.

작년엔 '근력이 삶의 질을 결정한다'라는 말을 듣고 덜컥 겁이 나서 동네 근처 체육관Gym에 달려가 근력운동을 시작했습니다. 재미없을 것 같아서 계속 피해왔던 근력운동을 꾸준히 또 즐겁게 할 수 있도록 지도해주신 홍석수 트레이너님께도 감사를 드립니다. 근육량 1킬로그램이 1,400~1,600만 원이라고 하는데 홍 트레이너님 덕분에 몇 천 만 원 벌었습니다!

무엇보다 그동안 워킹맘으로도 편하게 운동하며 직장 생활할 수 있도록 필립이의 육아를 맡아주신 시어머니와 친정엄마께 늘 감사함을 느낍니다. 검도 대회가 있는 일요일에 필립을 맡기면 늘 "맘 편하게 운동하고 오라."고 하신 시어머님이셨습니다. 두 분께 항상 감사합니다. 그리고 배드민턴을 하는 큰언니와 자전거를 타는 작은 언니와는 서로가 팔뚝 근육을 자랑하며 꾸준한 운동을 격려했습니다. 늘 든든한 응원군입니다. 또 멀리 미국에 있지만 매일매일 달리기로 서로 연결되어 있는 아들 필립에게도 항상 감사합니다.

마지막으로 "체력이 곧 실력이에요."라는 제 말에 공감하면서 책을 선뜻 만들어주신 비즈니스북스 출판사와 유소영, 양아람 에디터님께 감사를 드립니다. 미국에 있을 때 원고를 써야 해서 두 에디터님과는 늘 시차를 맞춰서 화상 미팅을 해야 했고 또 잠깐 한국에 출장 나올 때마다 빠듯하게 미팅을 할 수밖에 없었습니다. 늘 좋은 소재를 함께 고민해주셨고 제 거친 원고도 꼼꼼히 다듬어주셨습니다. 무엇보다 두 에디터님들과 미팅을 할 때면 "요즘은 이 운동을 하고 있다. 좀 더 늘고 있다!"등 서로 운동을 격려하며 시간가는 줄 몰랐습니다. 책을 준비하는 지난 1년 동안 두 에디터님은 저의 심리적 '운동 버디'였습니다.

하루키는《달리기를 말할 때 내가 하고 싶은 이야기》를 출간하며 독자들에게 달리기를 권유하려고 쓴 것이 아니라고 했습니다. 그런데 저는 많은 분이 제 책을 읽고 운동을 시작했으면 합니다. 어느 곳에 있든지 또 어떤 형편에 있든지 할 수 있는 만큼이라도요. 10년, 20년, 30년 그리고 더 오래오래 함께 운동을 이어갔으면 좋겠습니다. 전국 곳곳에서, 세계 곳곳에서 꾸준히 운동하면서 좋은 에너지를 주변에 나눠주시는 모든 분들께 감사를 드립니다.

당신의 운동을 도와줄
마지막 엑셀

'좋아서' 하는 운동이 체력을 만든다

* 《발레를 배우며 생각한 것들》의 저자 신예리 작가와 이메일 인터뷰 내용을 토대로 정리한 글이다.

Q ___ 신 작가님, 언론인으로 생활하시면서 젊었을 때부터 은퇴 전 까지 체력 관리와 운동은 어떻게 하셨나요? 평소 체력이 좋다 고 생각하셨나요?

A ___ 서른한 살 때 예기치 않게 큰 병을 앓으면서 건강 관리의 필요성을 깨달았습니다. 그전에는 회사 일이 바쁘기도 했 고 아직 젊었던 시절이라 체력이 딱히 나쁘다고 느끼지 않 았어요. 그래서 운동을 규칙적으로 하지 않았습니다. 서른 한 살이 되어서야 처음으로 헬스클럽에 등록해서 운동법을 배우고 1주일에 세 번 이상 꾸준히 걷기와 뛰기 등을 하려 고 노력했습니다. 물론 그전에도 하루 30~40분씩 체조하 는 루틴은 유지하고 있었지만요. 체조 습관은 중학교 2학

년 이후 계속 유지해왔습니다. 서른한 살 이후 유산소와 근력운동을 추가했다고 보시면 됩니다.

사실 저 스스로 체력이 좋다고 느낀 적은 없지만, 그렇다고 체력이 안 돼서 하고 싶은 일을 못 한 적은 없었던 것 같아요. 일례로 40대 중반부터 격주로 밤을 꼬박 새우는 〈JTBC 밤샘토론〉이라는 프로그램의 앵커 역할을 7년 이상 했어요. 다들 저를 보고 체력이 대단하다고 했던 기억이 납니다. 주변인들에게는 정신력으로 버티는 거라고 말했지만, 정신력 역시 어느 정도는 체력에서 나온다고 생각해요.

Q __ 언론인이란 직업은 업무량과 스트레스, 또 불규칙한 일정 등으로 건강을 챙기기가 어렵습니다. 만일 과거로 돌아가서 체력과 운동 관련해서 다르게 하고 싶은 게 있다면 무엇인가요?

A __ 제가 체조 이외의 규칙적인 운동을 30대 초반에 시작했어요. 만약 20대로 돌아갈 수 있다면 그때부터 하루라도 더 일찍 규칙적인 운동을 시작하고 싶습니다. 1년 4개월 전부터 발레를 하면서 새롭게 느낀 점이 있어요. 운동을 위한 운동이 아니라, 스스로 좋아서 즐겁게 할 수 있는 운동을 하면 효과가 더 좋다는 점입니다. 걷기나 뛰기를 30분 이상 하는 건 너무 힘들었는데 발레는 2시간을 해도 즐거거

든요.

회사에 다닐 땐 너무 바빠서 발레를 시작할 엄두를 내지 못했어요. 당시 어떻게든 발레를 시작했다면 주말을 쪼개서라도 계속했을 것 같다는 생각이 듭니다. 다시 돌아간다면 무조건 하루라도 빨리 운동을 시작한다는 게 제 대답입니다.

Q __ 규칙적인 운동 시간 확보가 힘든 직업을 가진 분들께 하고 싶은 조언이 있다면요? 경험을 토대로 이야기를 들려주세요.

A __ 밤에 잠을 제대로 못 잤을 경우 낮에 잠깐 쪽잠이라도 자면 도움이 된다는 얘기가 있더라고요. 운동도 모든 조건이 완벽히 갖춰진 뒤 충분히 해야 한다는 고정관념에 얽매이지 말고 틈틈이 잠깐씩이라도 하려는 마음가짐을 갖는 게 중요할 것 같아요. 제 경우엔 엘리베이터를 기다리면서 발뒤꿈치를 들고 서 있는다든지, 계단을 발끝으로만 걸어서 올라간다든지 하는 등 일상에서 쉽게 할 수 있으면서도 운동 효과를 볼 수 있는 것들을 꾸준히 했어요. 우리 일상생활에 양념을 치듯이 운동 요소를 가미하는 건 좋은 방법이죠. 최근에는 한두 정거장 정도는 무조건 걷는다는 생각을 기본으로 갖고 있어요. 기회 있을 때마다 가능한 한 많이 걸으려고 합니다.

Q ___ 몸 쓰는 것이 머리 쓰는 것에 어떻게 영향을 준다고 느끼셨나요? 하루키는 "달리다 보면 그게 존재 이유 같아 보인다."라고도 했죠.

A ___ 저는 기자 시절 오랫동안 신문에 고정 칼럼을 집필했습니다. 그런데 늘 걸으면서 처음 두세 문단의 내용과 이후 글의 흐름을 머릿속으로 그려본 뒤 컴퓨터 앞에 앉곤 했어요. 자리에 앉아 있을 때보다 걸을 때 뇌의 활동이 활발히 이뤄진다는 걸 일하면서 항상 실감했습니다.

Q ___ 앞으로 발레 이외에 다른 운동을 택하신다면 어떤 종목이 될까요?

A ___ 탱고 등 다른 종류의 춤에도 도전해볼 생각입니다.

Q ___ 이건 저의 걱정입니다. 지금까지는 내가 하고 싶은 것을 체력이 못 받쳐줘서 못한 적이 없었어요. 그런데 나이가 들면 아무래도 체력이 예전보다는 떨어지지 않겠습니까. 만일 내가 하고 싶은 것을 몸이 따라주지 못해서 못하는 순간이 오면 나를 어떻게 다독여야 할까요?

A ___ 저도 언젠가 무릎과 발목 관절이 받쳐주지 못해서 지금처럼 적극적으로 발레를 하기 어려워지는 때가 오겠지요. 그때는 어떻게 해야 할까 생각해보곤 합니다. 점프나 턴을 제

대로 못 하고 살살 해야 할 테지만 대신에 폴드브라(팔동작)와 표정을 더 우아하고 아름답게 하는 걸로 보완할 수 있지 않을까 합니다. 그렇게라도 여든 살, 아흔 살이 될 때까지 발레를 계속하는 게 제 꿈입니다. 나이 들면 당연히 체력도 떨어지고 여기저기 고장 나는 곳이 생길 텐데요. 내가 바꿀 수 없는 일을 두고 우울해하기보다는 할 수 있는 일을 감사한 마음으로 하려고 합니다.

Q___ 직장인들 대부분 자세가 많이 무너져 있습니다. 그래서 자세 교정과 스트레칭을 목적으로 발레를 시작하려는 사람도 많습니다. 이런 목표로 발레를 시작해도 괜찮을지요?

A___ 물론 발레가 도움이 됩니다. 발레를 하면서 얻을 수 있는 것들이 무척 많아요. 그런데 자세 교정만이 목적이라면 발레가 너무 어려울 수도 있을 것 같네요. 물론 발레를 시작하면서 자세 교정 이외에 발레의 본연의 멋과 맛을 알아갈 수 있죠. 그렇게 되면 발레를 꾸준히 할 수 있을 겁니다.

체력은 어떻게 내 편이 되는가

* 《남의 체력은 탐내지 않는다》의 저자 이우제 트레이너와 이메일 인터뷰 내용을 토대로 정리한 글이다.

[체력 일반]

Q ____ '체력이 좋다'는 말은 무슨 뜻일까요? 비전문가로 제가 느끼는 건 '일상 생활을 하면서 피곤을 느끼지 않는 상태를 지속 가능하게 할 수 있는 몸의 상태'라는 생각이 듭니다.

A ____ 피곤을 느끼지 않는 것은 적절한 휴식과 영양만으로도 상당 부분 채워질 수 있습니다. 체력의 구성 요소를 논할 때 보통 근력, 근지구력, 심폐지구력, 유연성, 신체조성(체성분)을 이야기합니다. 체력이 좋아진다는 건 이 요소들이 고루 향상되는 것이라 생각합니다. 일상에서 체감하는 체력의 정의는 말씀하신 내용처럼 일컬어질 수도 있겠으나, 그럴 경우 운동의 필요성에 대해 자각하지 못할 우려가 있습

니다. 잘 먹고, 잘 자고, 늘 하던 일을 하고 간간이 산책하고 놀면 몸 상태에 크게 문제를 못 느끼고 살 수 있습니다.

체력이 더 나아진다는 것은 내가 현재 하는 것보다 더 큰 육체적, 정신적 스트레스를 견딜 수 있는 상태로 변화해가는 것을 포함해야 합니다. 그리고 앞서 언급한 체력의 요소가 고루 향상되도록 해야 할 것입니다. 특정 종목의 선수가 아니라면 말이죠.

Q__ '운동을 하는 사람 vs. 생각만 하는 사람' 이들의 차이는 트리거의 차이라고 하셨습니다. 문제는 트리거가 절실하게 지속적으로 다가오지 않으니 운동을 시작만 하고 오래 지속하지 못하는 게 아닌가 싶어요. 트리거로 시작한 운동에 재미를 느껴서 지속하게 하는 방법에는 무엇이 있을까요?

A__ 제가 '운동을 하는 사람 vs. 생각만 하는 사람'의 차이가 '트리거'의 차이란 말을 했었나요?

과거에 저는 제 고객들에게 운동 동기를 부여하기 위해 많이 고민했고, 어떻게든 그 계기를 만들려고 노력했습니다. 하지만 이제는 현실적으로 있는 그대로 받아들이는 편입니다. 여간해서는 스스로 주도적으로 운동하는 습관을 만들 의지, 결심, 계기, 흥미 등이 안 만들어지는 사람들도 있습니다. 사실 선택의 문제입니다. 하루 24시간을 어떻게 나누어 쓸지도 개인의 선택입니다. 돈이 더 중요한 사람은 운동할 시간에 일을 더 하거나, 돈이 될 행위를 할 것이고요. 즉각적인 재미가 필요한 사람에겐 운동보다 영화, 오락, 게임, 유흥이 더 끌리는 선택이 되겠죠.

흡연이 몸에 나쁘다는 걸 알지만 모두가 금연을 하지는 못하듯, 운동이 필요하고 좋다고 해도 결국 하는 사람의 선택과 집중이 필요합니다. 변화가 불편하고 어색하고 힘든 것은 누구에게나 동일합니다. 운동을 지속하는 것도 마찬가지입니다. 재미가 있든 없든, 필요하고 해야 한다면 아무 생각 없이 반복할 줄도 알아야 합니다. 변화와 성취를 경험하기 전까지 여간해서 처음부터 운동이 재밌고, 운동이 하고 싶어 미치겠는 경우는 흔치 않을 겁니다.

어설픈 동기부여 전략이나 계기를 말하고 싶지 않습니다. 모두에게 통용될 수 있는 건 없을 테니까요. 그나마 현실 가능성이 있는 건 뇌의 반응일 듯합니다. 반복을 통해 그것이 당연히 이루어지는 일과인 것처럼 자리 잡을 때까지 반복하는 것이죠. 계기가 있든 없든, 동기가 있든 없든 반복하는 사람만 운동을 지속한다고 생각합니다.

운동은 행위에 대한 보상과 변화에 대한 체감, 성취감에 대한 경험을 하기까지 느리고 매우 오래 걸립니다. 즉각적인 보상에 익숙한 현대인에게 절대 매력적인 선택은 아니죠. 그렇기에 제일 중요한 건 인내와 반복이라는 불편한 진실을 인정할 필요도 있다고 생각합니다.

Q ___ 선생님은 각자에 맞는 운동량과 운동 방법이 있다는 것을 강조하십니다. 자신에게 맞는 적정량의 운동량과 운동 강도를 어떻게 알 수 있을까요?

A ___ 제일 중요한 건 운동한 다음 날의 컨디션입니다. 어제 한 운동을 또 반복할 수 있는 상태. 운동한 느낌과 흔적이 조금 남아 있지만 일상에 지장이 없는 상태. 보통 여기서부터 시작하라고 말씀드립니다. 그래야 최대한 자주 반복할 수 있고, 적응되고 습관이 될 수 있으니까요. 운동 습관이 자리 잡고 익숙해지면 때때로 알아서 강도도 높여 보고 도전적으로 해보면서 나름의 프로그램이 만들어져갈 것입니다. 자신이 수행하는 운동 종류에 따라 수많은 프로그램과 선례들을 이제는 쉽게 찾아볼 수도 있고요.

운동을 했는데 그 피로도가 하루 이틀도 아니고 수일간 남는다면 과한 것입니다. 어쩌다 한 번 할 운동이 아니니까요. 그렇다면 과감히 운동의 양과 강도를 낮추고 일상에서 휴식과 영양의 질을 높여야 합니다.

앞서 말씀드렸지만, 몸이 아프면 병원에 가듯 운동 방법을 모르면 전문가에게 조언을 구하는 것이 제일 좋은 선택입니다. 다만, 좋은 의사 선생님을 만나는 것이 어려운 일이듯 좋은 운동 전문가를 만나는 것도 어렵지요. 안타까운 현실입니다.

Q___ '걷기가 달리기보다 더 좋다'라는 말이 있기도 하고 '달릴 수 있으면 왜 걸으라고 하겠어. 달리지 못하니까 걸으라고 하는 거지'라는 말도 있습니다. 빠르게 걷기를 한 운동 수행 실력이 된다면 달리기로 전환하는 게 나은지, 아니면 그래도 걷는 게 좋은지 궁금합니다.

A___ 인간에게 걷기는 운동 이전에 당연히 수행할 수 있어야 하는 신체 활동입니다. 걷기조차 충분히 하지 않아 걷기가 운동이 되는 놀라운 시대에 살고 있을 뿐이죠. 빠르지 않아도 짧지 않은 시간 지속해서 달리는 것은 인간이 다른 동물보다 잘 수행할 수 있는 신체 활동입니다. 양손이 자유로워 이동 중에도 영양 섭취를 할 수 있고, 땀샘이 발달되어 있어 체온 유지도 쉬우니 운동이 지속되어도 견딜 수 있는 겁니다. 따라서 저는 누군가 운동을 한다면 궁극적으로 당연히 달릴 수 있어야 한다고 말해주고 싶습니다. 빠르지 않아도 됩니다. 무리 없이 짧지 않은 시간 달릴 수 있어야 합니다. 적어도 1시간을 조깅할 수 있는 상태가 되면 그때부터는 알아서 빨리 달리든, 더 오래 달리든, 더 멀리 달리든, 본

인의 라이프스타일과 목적에 따라 선택하는 재미가 생길 겁니다.

Q ___ 그야말로 '숨쉬기 운동'만 해왔던 직장인들이 쉽게 운동을 시작할 수 있는 팁을 주신다면?

A ___ 일단 움직이세요. 의자와 핸드폰을 조금이라도 멀리하세요. 방법을 모르겠다면 이미 운동을 하고 있는 친구, 가족, 선후배에게 도움을 청하십시오. 다양한 전문가를 찾아가서 상담도 받아보시고 체험 수업도 들어보시고 자꾸 경험하세요. 쉽지 않을 겁니다. 하지만 쉬운 방법을 찾는 노력보다 일단 행동하는 게 결과를 만드는 더 쉬운 방법입니다.

[호흡]

Q ___ 호흡이 정말 중요한 것 같은데, 하루하루 바쁘게 살다 보니 막상 호흡에 집중해본 적은 거의 없습니다. 하루에 5분 정도 호흡 명상 시간을 갖는 게 좋을까요?

A ___ 화날 때, 마음이 조급할 때, 집중이 안 될 때, 소화가 안 될 때, 뭔가 전환이 필요할 때 해보세요. 명상이라고 생각하지 마시고 내가 도대체 어떻게 숨 쉬고 있는지 관찰해보세요. 그것부터 시작입니다.

Q ___ 휴대폰을 보거나 동영상 혹은 이메일을 볼 때 호흡이 아주 얕아지거나 숨을 멈추는 현상인 '스크린 무호흡증'이 점점 심각해지는 것 같습니다. 저도 한참 일하다 보면 갑자기 숨이 차서 들숨을 쉬는 경우가 있거든요. 일하면서 무호흡을 겪지 않도록 의식적으로 해야 할 호흡법이 따로 있을까요?

A ___ 본래 일상적이고 안정된 상태에서의 호흡은 옆에서 봤을 때 크게 드러나지 않아야 합니다. 잔잔해야 하고 고요해야 하죠. 갑자기 숨이 찬 경우는 오히려 내가 과도하게 숨을 뱉고 있거나 지나치게 빠르고 얕게 숨을 쉬고 있는 경우입니다. 제일 중요한 시작은 입을 다물고 코로만 숨을 쉬는 것입니다. 당연히 그렇게 하고 있을 거라고 사람들은 생각합니다. 입에 테이프를 살짝 붙이고 일해보세요. 아마 오래 유지하지 못할 겁니다. 답답하다고 느낄 테니까요.

단백질, 탄수화물, 지방은 얼마나 먹어야 하는지 신경 쓰고 많이 먹는 걸 경계하면서 왜 산소에 관해서는 그런 생각을 안 할까요? 입으로 숨을 쉬면 과호흡으로 이어집니다. 운동할 때, 잘 때, 걸을 때 등등 정말 고강도 운동이거나 특별한 호흡 전략이 필요한 운동 동작이 아니면 인간은 코로 숨을 쉬고, 느리게 숨을 쉬어도 충분합니다.

[근력운동]

Q____ 저는 20대 후반에 달리기와 걷기를 시작한 이후로 검도, 수영 등을 30년째 꾸준히 하고 있습니다. 주말에는 하이킹이나 등산을 하고요. 평균 하루 유산소운동에 2~3시간을 쏟습니다. 그런데 그동안은 근력운동을 따로 하지 않았습니다. 따로 시간을 내어 근력운동을 해야 할까요?

A____ 근력운동은 필요합니다. 더 정확히는 신체 기능을 유지 및 관리하기 위한 운동이 필요합니다. 특정 종목의 스포츠를 수행하는 것은 그 스포츠에 필요한 기능과 기술을 발달시킵니다. 일반적인 근력운동은 앞서 이야기한 건강 체력의 요소인 근력, 근지구력, 유연성, 신체 조성을 발달시키기 위해 필요한 선택입니다.

제가 회원님들에게 자주 하는 이야기가 있습니다. "근력은 삶의 질입니다." 근력이 발달하고 신체 기능이 향상되면 같은 20킬로그램 박스를 드는 건 더 수월해집니다. 여행을 다닐 때 더 무거운 짐을 가지고 다녀도 문제가 없겠죠. 일상에서 가해지는 수많은 신체적 스트레스를 더 잘 견딜 겁니다. 수영 실력이 느는 것, 검도 기술이 느는 것과는 다른 영역입니다. 수영을 하면서 어깨 부상을 미리 예방하고 싶다면, 검도를 할 때 더 민첩하고 효과적으로 기술을 구사하고 싶다면, 등산할 때 나이와 상관없이 무릎이 아프지 않게 더 험난한 코스를 오르내리고자 한다면 근력 훈련과 기능성 트레이닝을 반드시 따로 해야 합니다.

트레이닝 영역에서 이런 이야기가 있습니다. "달리기를 잘하려면 달리기를 많이 해야 한다. 그런데 달리기를 오래 잘하려면, 달리기가 아닌 것을 해야만 한다." 저는 브라질리안 주짓수를 오랜 시간 수련했습니다. 그사이 복싱이나 MMA와 같은 운동도 경험했고요. 저는 주짓수를 잘하기 위해 주짓수를 많이 하려고 하지만, 제 신체 기능을 관리하고 주짓수에 필요한 신체 능력을 유지하기 위해 별도의 트레이닝도 합니다. 주짓수 수련을 줄여서라도요.

Q ___ 직장인의 경우 시간을 쪼개서 운동 시간을 만들어야 하는데, 매일 1시간씩 시간을 낼 수 있다면 가장 추천하고 싶은 운동 패턴은 무엇인가요? 또는 주 3회 정도만 시간을 낼 수 있다면 가장 추천하고 싶은 운동 패턴은 무엇인가요? 유산소-무산소 구성비를 고려해 추천해주세요.

A ___ 전적으로 개인의 신체 상태와 운동 능력에 따라 달라집니다. 절대적인 유산소-무산소 구성비는 없습니다. 근육량은 많으나 체지방이 많이 붙은 사람이라면 유산소운동 비중이 높아야 할 것이고, 지나치게 마르고 연약한 사람이라면 근력운동 비중이 높아야 할 것입니다.

Q __ 만약 퍼스널 트레이너와 운동하게 된다면 트레이너를 선택할 때 어떤 사항을 고려해야 할까요?

A __ 미국에서 공신력 있는 자격증은 NSCA, NASM, ACSM 등의 기관에서 발급한 자격증입니다. 수료증과 자격증은 다릅니다. 자격증이 없는 것보다 당연히 많은 게 좋습니다. 적어도 공부를 그만큼 했다는 뜻이고 전문성을 확보하기 위해 노력한 것이니까요. 특정 대회 입상 경력이 있다면 그만큼 운동을 열심히 하고 경험을 많이 한 것이니 좋을 수 있지만 그것이 좋은 티칭 능력을 의미하는 것은 아닙니다.

자격증, 경력, 수상 이력 등이 훌륭해도 수업이나 태도 등이 좋지 않은 경우도 많습니다. 어느 분야나 그렇겠지요. 사람을 대하는 일이다 보니 퀄리티의 편차가 큽니다. 그래서 저는 상담을 받아보시고, 질문도 많이 해보시고, 반드시 체험 수업도 들어보시고 판단하라고 말씀드립니다.

Q __ 인바디에 목숨 거는 사람이 많은데, 인바디는 자신의 신체 상태를 파악하는 데 도움이 되나요? 또 내가 운동의 목적을 이루고 있는지는 어떻게 체크하면 좋을까요?

A __ 특별히 무슨 피트니스 대회에 출전한다거나 화보를 찍으려는 게 아니라면, 체성분검사(인바디) 결과상으로 표준에 준하는 근육량과 체지방을 가지고 있으면 됩니다. 조금 모

자라거나 넘을 수도 있고요. 체성분검사는 내 몸이 현재 무엇으로 구성되어 있는지 그 비율을 보여줄 뿐입니다. 만약 내가 다이어트를 하는 게 목적이면 골격근량은 잘 유지하면서 체지방이 줄고 있는지를 보면 되고, 내가 근육량을 늘리거나 체중을 늘리는 게 목적이라면 해당 항목에 주목하면 됩니다. 만약 운동 목적이 아니라 운동 수행 능력이나 다른 이슈가 있다면 인바디는 최우선 고려 사항은 아닙니다. 다만, 기본적인 건강 관리에 있어 중요한 참고 자료이긴 합니다.

Q___ 어느 정도까지 운동을 해야 적당한지, 어느 수준에서 멈춰야 하는지 최대 운동 강도 등을 알 수 있는 기준이 있을까요?

A___ 운동 강도는 운동 목적, 수행자의 신체 능력, 체력 수준에 따라 달라집니다. 따라서 일반화해서 말하기는 어렵습니다. 다만 웨어러블 피트니스 기기를 쉽게 사용할 수 있는 요즘 심박수는 좋은 지표가 되긴 합니다. 그러나 이는 일부 지표일 뿐입니다.

Q___ 선천적으로 체력이 약한 사람이 있나요? 이런 사람들은 어떻게 운동을 해야 할까요?

A___ 신체 능력, 운동 능력에서 유전은 매우 중요한 변수입니다.

많은 부분에 영향을 미칩니다. 물론 운동을 통해 상당히 많은 변화를 만들어낼 수 있지만 일정 부분 한계를 인정할 수밖에 없습니다. 다만 해보지도 않고 선천적으로 약해서 힘들다고만 말해서는 안 되겠죠. 선천적으로, 기질적으로 약한 사람들도 있습니다. 그리고 이를 극복해서 위대한 선수가 된 사람도 있고요. 선택할 수 있고 변화시킬 수 있는 부분에 집중하면 됩니다.

Q___ "잘못된 자세로 운동하느니 안 하는 게 낫다."라는 말도 종종 하는데요. 일반인들은 잘못된 자세가 무엇인지 잘 알지 못하고, 그래서 깨작깨작 운동하기도 합니다. 일각에서는 '홈트'로 운동을 시작하는 게 좋지 않다는 이야기도 하던데, 처음 운동을 시작하는 사람이라면 무조건 PT를 받는 게 좋은 것인지 궁금합니다.

A___ 앞서 말씀드렸듯이, 무언가를 배우고 내가 모르는 것을 새롭게 시작할 때는 '배워야 합니다'. 그래서 책이 있고, 교육이 있고, 전문가가 있지요. 물론 아무런 신체 활동을 안 할 때보다는 뭐라도 하는 게 낫습니다. 어차피 제대로 배우지 않았다면 몸을 망가뜨릴 정도로 반복하기도 어렵기 때문입니다. 정말 잘하고 싶고 더 오래 하고 싶다면, 결국 방법을 찾아내게 됩니다. 공부를 해서 깨치든 도움을 구하든 말

입니다.

0과 1은 1과 100의 차이보다 큽니다. 존재 유무의 차이거든요. 운동을 아예 안 하는 것과 무엇이라도 하는 것의 차이도 그와 같습니다. 홈트라도 한다면 안 하는 것보다 나을 겁니다. 하지만 효율적이고 효과가 분명한 운동을 반복하려면 누구나 배워야 합니다. 온라인 코칭이든 오프라인 코칭이든 책이든 유튜브든 일단 기본적인 것들을 배우고 익혀야 합니다. 보고도 모르겠다면 당연히 물어야 하고요.

일류 선수들일수록 본인의 트레이닝을 스스로 판단해서 하기 전에 전문가의 코칭을 구합니다. 그것도 아주 여러 명에게 조언을 구합니다. 사람들 대부분은 운동선수가 아니지만, 각자의 삶 최전선에서 자기의 경기를 뛰는 선수일 겁니다. 내 삶이란 경기에 보다 효과적이고 효율적인 선택을 하기 바랍니다. 각자의 맥락에 맞게 말이죠.

검도라는 매력적인 운동

박소용 관장님은 마흔 살의 내가 검도에 입문할 때 다녔던 도장의 관장님이시다. 박소용 관장님 덕분에 검도를 지금까지 17년동안 해오고 있다고 과언이 아니다. 검도 실력이 안 늘어서 지켜워 할 때마다 조언을 해주시기도 했고 오래 알게 되니 인생 얘기도 나누는 사이가 되었다.

Q ___ 검도를 언제, 어떻게, 왜 시작하게 되었는지, 현재 몇 단인지 알려주세요.

A ___ 1993년 3월 봄에 시작했습니다. 검도를 하고 싶다는 막연한 생각을 품고 있었는데, 마침 동생 친구가 검도를 하고 있었어요. 1992년 가을 대학교에 검도부가 생겼죠. 하지만

집에서 너무 멀어 저는 집 근처 도장을 찾았습니다. 현재는 교사 7단입니다.

Q＿＿ **검도 운동을 하면 몸 어느 부분에 주로 운동이 되나요? 심혈 관, 지구력, 근육, 정서 등에도 도움이 될까요? 검도 운동과 체력의 관계에 대해 설명해주세요.**

A＿＿검도는 전신운동이라고 할 수 있어요. 쉴 새 없이 공격을 하다 보면 유산소운동이 되고 단전에 힘을 주어 하체의 힘 으로 타격을 하게 되어 근력에도 많은 도움이 됩니다. 하 체, 팔과 어깨를 많이 사용하니 사무실에서 컴퓨터를 많이 사용하는 직장인에게는 어깨 통증을 완화시키는 효과도 큽니다. 특히 기합과 타격을 통해 스트레스를 해소할 수 있 답니다.

처음 검도를 시작하시는 분들은 빠른 동작 열 개도 버거 워하지만 조금만 시간이 지나 적응하면 100개도 할 수 있 는 체력이 길러집니다. 다른 운동과 다른 점이 있다면 고 도의 집중력을 요한다는 점입니다. 어느 정도 기본적인 동 작이 익혀지면 상대와 대련을 하게 되는데 상대에게 집중 하지 않으면 정신없이 맞고 맙니다. 정적인 부분과 동적인 부분이 함께하는 운동이라 할 수 있습니다.

Q ___ 저는 다른 사람이 많이 안 하는 운동이어서 오히려 검도가 좋았습니다. 검도 운동의 장점이 무엇이라고 생각하시나요?

A ___ 자기 수양입니다. 검도의 궁극적인 목적은 검의 '이법'理法의 수련에 의한 인간 형성의 길이라고 합니다. 한자어로 '理'는 이치와 마음, '法'은 기술의 수련을 말합니다. 즉 마음 수련과 기술 수련이 병행되어야 높은 수준에 이를 수 있으며 올바른 인간 형성이 가능해지는 것이지요. 참, 어려운 말입니다만 단순히 기술만이 아닌 마음 수련을 함께해야 한다는 점이 검도의 가장 큰 매력이 아닐까 합니다.

Q ___ 일반인, 특히 운동신경이 없거나 운동을 많이 하지 않았던 사람들이 검도를 시작할 수 있나요?

A ___ 물론입니다. 운동신경보다 중요한 것이 있다면 성실함과 꾸준함이지요. 물론 운동신경이 뛰어난 사람이 꾸준함까지 갖추었다면 큰 선수가 되겠지만요. 하지만 운동신경이 있는 분들이 꾸준히 이어가는 것은 많이 봐오지 못했어요. 검도는 매일 종이 한 장을 쌓는 것과 같습니다. 꾸준히 하다 보면 어느 순간 한 장씩 쌓은 종이가 눈에 띄게 높이 쌓인 것을 알게 됩니다. 그렇게 꾸준히 하는 분들을 옆에서 많이 지켜봐온 터라 조급함만 갖지 않는다면 충분히 잘해나갈 수 있다고 답변드릴 수 있습니다.

Q ___ 일반인들이 보기에 검도는 격투기 종류 같아 보이기도 합니다. 보호 장구를 착용한 채 맞고 때리는 운동인데 아프지는 않나요?

A ___ 다른 격투기 종목과 다른 점은 도구가 있다는 것이지요. 직접적으로 접촉하는 것이 아니라 죽도를 통해 타격하니 조금은 신사적이라고 해야 할까요. 그리고 보호 장비인 호구를 착용하니 다른 운동에 비해 부상의 위험이 적습니다. 사실 처음 호구를 착용하시는 분들은 맞으면 아프다고 합니다. 어느 정도 적응이 되면 익숙해지기도 하고 제대로 맞으면 '통' 하는 울림이 있는데 그게 기분이 좋기도 합니다. 그런 기분이 들기까지는 시간이 걸리지만요. 호구라는 장비가 몸을 보호하고 있고 장비를 착용한 부분을 타격하니 그리 아프지는 않습니다.

Q ___ 검도를 시작하기 좋은 나이는 몇 살인가요? 마흔 살이나 쉰 살이 넘어서도 할 수 있을까요? 또 남녀 누구나 할 수 있나요?

A ___ 전 어릴수록 좋다고 생각해요. 어떤 운동이든 어릴 때 할 수 있는 동작이 있고, 그렇게 익혀서 성장하면 도저히 뛰어넘을 수 없는 동작들이 만들어집니다. 하지만 운동선수가 되려는 목적이 아니라 취미로 한다면 언제 시작하든 상관없습니다. 대한검도회에서는 어르신 검도교실을 운영하는

데 60세가 넘어 시작하신 어르신들이 10년 넘게 지속하시는 모습을 지켜봤어요. 검도를 통해 활력을 찾고 운동을 지속하며 건강을 지키는 모습이 참 보기 좋았지요. 그리고 성별도 아무 상관없습니다. 부부가 함께 운동하시는 분들도 많답니다.

Q ___ 검도 입문에 관심 있는 사람들에게 해주고 싶은 말이 있나요?

A ___ 검도는 평생 할 수 있는 운동입니다. 타인과의 경쟁보다는 자신과의 싸움이 주가 되다 보니 신체적 건강을 유지하는 것뿐만 아니라 내면 성찰에도 도움이 되지요. 일단 시작하면 결코 후회하지 않을 테니 빨리 시작하세요.

Q ___ 검도를 운동으로 추천하고 싶은 가장 큰 이유가 있다면 무엇일까요?

A ___ 대학생 새내기들이 들어오면 왜 검도부에 들어왔느냐는 질문을 매번 합니다. 60~70퍼센트가 '왠지 폼이 나서'라고 답하더군요. 맞는 말이죠. 검도는 일단 멋지지 않나요? 저 역시 검도는 멋진 운동이라는 생각이 강했던 것 같아요. 그리고 남녀노소 누구나가 참여할 수 있고 또 같이 할 수 있는 운동이 얼마나 될까 싶습니다. 나이 들어서도 젊은 선수들과 대등하게 맞설 수 있고 우위에 있을 수도 있다는 것이

큰 매력이라고 여겨집니다.

Q___ 한국에는 검도 단체가 매우 많은데, 대한체육회가 인정한 곳
에서만 배워야 하나요? 그리고 단이 인정되지 않는 경우가 있
는지도 궁금합니다. 혹시 주의해야 할 단체도 있다면 알려주
세요.

A___ 네, 대한검도회에서 인정한 공인도장이나 센터에서 배우
시길 권합니다. 대한검도회에서 받은 단은 전 세계적으로
통용됩니다. 외국에 출장을 가거나 유학, 교환학생을 간 친
구들이 현지에서 검도인들과 교검하는 경우를 많이 봐왔
습니다. 이때도 대한검도회에서 인증한 단은 그대로 인정
을 받습니다. 다니고 싶은 검도장이 대한검도회 소속인지
웹사이트에서 확인해보시면 좋을 것 같습니다.

Q___ 검도가 다이어트에도 도움이 되나요?

A___ 물론이죠. 호구라는 장비가 3~4킬로그램 정도 되는데 보
통 호구를 착용하고 1시간 정도 기본기나 대련을 하다 보면
에너지 소모량이 엄청납니다. 한참 대련한 후에는 가만히
있어도 땀이 바닥에 떨어지는 느낌을 받을 때가 많습니다.
여름엔 특히 더합니다. 겨울에도 대련 후 호면을 벗으면 머
리에서 김이 모락모락 나는 경우도 있지요. 그래서인지 검

도를 하시는 분들은 대체로 피부도 좋습니다.

Q___대련 중 본인이 밀린다 생각하면 스포츠인답지 않게 행동하
는 분들이 있어요. 간혹 여성을 괴롭히는 학남자들 때문에
여성 무도인들의 고민이 많은데요, 어떻게 대처하면 좋을까
요?

A___흔치는 않지만 그런 경우가 있긴 합니다. 앞서도 언급했지
만, 검도는 상대에 대한 배려와 존중이 밑바탕이 되어야 합
니다. 상대가 고단자든, 하수든, 여자든, 어린이든… 존중
이 기본이에요. 그러면서 자신이 성장하는 겁니다. 지도자
에게 이야기해서 매끄럽게 해결하는 것이 가장 좋은 방법
입니다. 만일 보이지 않는 곳에서 지속적으로 비열한 행위
를 한다면 일단 그런 분에게는 정중하게 양해를 구하고 대
련을 거부하는 것이 좋습니다. 이런 분은 어디를 가든 오래
버티지 못하고 도태하게 되어 있습니다. 제대로 지도를 받
아야 하는 분들이죠. 이런 분들을 바르게 교정하는 것은 지
도자들의 몫이기도 합니다.

다정함도
체력에서
나옵니다